James I. Packer

Prädestination und Verantwortung

Gott und Mensch
in der Verkündigung

R. BROCKHAUS VERLAG WUPPERTAL

Die THEOLOGISCHE VERLAGSGEMEINSCHAFT (TVG)
ist eine Arbeitsgemeinschaft der Verlage
R. Brockhaus Wuppertal und Brunnen Gießen.
Sie hat das Ziel, schriftgemäße Arbeiten
zu veröffentlichen.

Originaltitel: Evangelism and the Sovereignty of God
© 1961 by Inter-Varsity Fellowship, London,
veröffentlicht in Zusammenarbeit mit
Inter-Varsity Press, Leicester, Großbritannien

Aus dem Englischen übersetzt von Christine Buchholz

Die Deutsche Bibliothek – CIP-Einheitsaufnahme:
Ein Titeldatensatz für diese Publikation ist bei
Der Deutschen Bibliothek erhältlich.

2. Auflage 2000
unveränderter Nachdruck

Copyright der deutschen Ausgabe:
© 1964 R. Brockhaus Verlag Wuppertal
Umschlaggestaltung: Dietmar Reichert, Dormagen
Druck: Breklumer Druckerei Manfred Siegel KG
ISBN 3-417-29087-2
Bestell-Nr. 229 087

Vorwort zur ersten Auflage

Der vorliegenden Abhandlung liegt ein Referat zugrunde, das am 24. Oktober 1959 vor Studenten in London gehalten wurde. Das Referat wurde dann erweitert im Hinblick auf eine breitere Verwendung. Der ursprüngliche Anlaß sowie die praktischen Auswirkungen des Themas, die im Vordergrund standen, bewirken den homiletischen Stil.

Gleich zu Beginn möchte ich darlegen, was diese Abhandlung nicht ist, damit ihre Absicht nicht mißverstanden wird. Es handelt sich nicht um ein Lehrbuch für evangelistische Tätigkeit heute, auch wenn sich darin Grundsätze evangelistischer Strategie finden. Es handelt sich nicht um einen Beitrag zur gegenwärtigen Kontroverse über die Verkündigungsmethoden, auch wenn sich darin Grundsätze finden, die hilfreich sein können, um diese Kontroverse beizulegen. Es handelt sich nicht um eine Kritik an der Verkündigung eines einzelnen oder gewisser Gruppen, auch wenn sich darin Leitgedanken finden, um den Gehalt der Verkündigung zu beurteilen.

Was aber stellt diese Abhandlung dann dar? Sie will dazu beitragen, den inneren Zusammenhang von drei zentralen biblischen Themen theologisch zu klären: die Souveränität Gottes, die Verantwortung des Menschen, der Missionsauftrag des Christen. Der Schwerpunkt meiner Darstellung liegt auf dem Missionsauftrag des Christen. Auf die göttliche Souveränität und die menschliche Verantwortung wird nur in ihrer Beziehung zur christlichen Verkündigung eingegangen. Das Ziel ist, einerseits die irrige, aber in manchen Kreisen verbreitete Annahme zu widerlegen, daß der Glaube an die absolute Souveränität Gottes die missionarische Verantwortung einschränkt oder gar ausschließt. Anderseits soll gezeigt werden, daß gerade dieser Glaube allein den Christen die nötige Kraft geben kann, ihren Missionsauftrag auszuführen.

Keine dargebotene Meinung, die zu irgendeiner Frage entwickelt wird, kann als die einzig zulässige betrachtet werden. Es ist gut möglich, daß einige Leser über das vorliegende Thema anders denken als der Autor. Ebenso aber hat auch ein Autor das Recht auf eigene Meinungsbildung, und es kann von ihm nicht erwartet werden, daß er seine Ansichten, die er für biblisch fundiert, sachdienlich und im wahrsten Sinn erbauend hält, verschweigt.

James I. Packer

INHALTSVERZEICHNIS

1. Einleitung 9

2. Die Souveränität Gottes 10

3. Göttliche Souveränität und menschliche Verantwortung . 15

4. Die Verkündigung der Heilsbotschaft 27

    a) Der Missionsauftrag 28

    b) Der Inhalt der Heilsbotschaft 42

    c) Der Beweggrund zur Verkündigung 53

    d) Mittel und Wege 60

5. Göttliche Souveränität und christliche Verkündigung . . 66

1. Einleitung

Immer und überall stehen die Diener Christi unter dem Missionsbefehl, und ich hoffe, meine Ausführungen werden das unterstreichen und bekräftigen. Außerdem dienen sie hoffentlich noch einem weiteren Zweck: Es besteht zur Zeit viel notvolle Auseinandersetzung hinsichtlich der Mittel und Wege der Verkündigung. So möchte ich von den geistlichen Faktoren sprechen, die bei der Verkündigung eine Rolle spielen, und hoffe, daß das Gesagte zur Behebung der gegenwärtigen Uneinigkeit beitragen wird.

Mein eigentliches Thema ist die Verkündigung und ihre Beziehung zur Souveränität Gottes. Das bedeutet, daß die Souveränität Gottes nur insoweit behandelt wird, als das zum rechten Verständnis der Verkündigung notwendig erscheint. Die göttliche Souveränität ist ein weitreichendes Thema; es umfaßt alles, was zum biblischen Bild von Gott als dem Herrn und König der Welt gehört, als dem Einen, der »alle Dinge nach seinem Rat und Willen vollbringt« (Eph. 1, 11), der jeden Vorgang lenkt und jedes Ereignis bestimmt zur Durchführung seines ewigen, göttlichen Plans. Um ein solches Thema in seinem ganzen Ausmaß zu behandeln, müßte man sehr viel tiefer nach der göttlichen Vorsehung, der Prädestination und den sogenannten letzten Dingen forschen; das aber übersteigt den Rahmen unseres Themas. Der einzige Aspekt der göttlichen Souveränität, der uns beschäftigen wird, ist die Souveränität Gottes in der Gnade, d. h. sein allmächtiges Handeln, durch das er verlorene Sünder durch Jesus Christus zu sich heimholt.

Bei meiner Untersuchung über die Beziehung zwischen der Souveränität Gottes und dem Verkündigungsauftrag des Christen habe ich ein ganz spezielles Ziel im Auge. Es herrscht heute der weitverbreitete Verdacht, daß ein fester Glaube an die absolute Souveränität Gottes jedes angemessene Gefühl für menschliche Verantwortung schwächen muß. Man hält einen solchen Glauben für gefährlich im Hinblick auf die geistliche Gesundheit, denn er züchte eine Haltung selbstgefälliger Untätigkeit. Insbesondere schreibt man ihm die Lähmung der Verkündigung zu, da man sich sowohl des Motivs als auch des Inhalts der Verkündigung beraubt sieht. Es scheint die Annahme zu bestehen, daß man nicht wirksam evangelisieren kann, wenn man nicht bereit ist, bei dieser Arbeit so zu tun, als sei die Lehre von der göttlichen Souveränität unwahr. Ich werde zu zeigen versuchen, daß der Glaube an die Souveränität der Herrschaft und Gnade Gottes weit davon entfernt ist, die Verkündigung zu hemmen, daß im Gegenteil einzig er die Evangelisation aufrechterhalten kann, weil er allein uns die nötige Spannkraft gibt, wenn wir klar und ausdauernd in der Verkündigung stehen und uns nicht von zeitweiligen Rückschlägen unterkriegen lassen wollen. Während also die Verkündigung durchaus nicht durch diesen Glauben geschwächt wird, so wäre sie andererseits ohne ihn notwendigerweise schwach und ohne jede Ausdauer. Ich hoffe, daß dies aus dem Folgenden deutlich hervorgehen wird.

2. Die Souveränität Gottes

Ich will hier nicht die biblische Lehre, daß Gott in seiner Welt souverän ist, entfalten. Meines Erachtens ist das nicht notwendig, denn wenn wir Christen sind, glauben wir dies ohnehin. Aber woher weiß ich das? Nun, ich bin sicher, daß wir als Christen alle beten, und die Anerkennung der Souveränität Gottes ist die Grundlage unserer Gebete. Im Gebet bitten und danken wir zugleich. Wieso eigentlich? Eben weil wir wissen, daß Gott der Geber aller der guten Gaben ist, die wir bereits empfangen haben und die wir uns für die Zukunft erhoffen. Dies ist der Grundzug des christlichen Gebets. Wenn der Christ betet, ist es nicht ein Versuch, auf Gott einen Druck auszuüben, sondern das demütige Eingeständnis der Hilflosigkeit und Abhängigkeit. Wenn wir vor ihm niederknien, ist uns bewußt, daß nicht wir die Welt regieren und daß es daher nicht in unserer Macht steht, durch eigenes Bemühen für uns Sorge zu tragen. Alles Gute, das wir für uns und andere begehren, muß von Gott erbeten werden und kommt — falls er es uns gewährt — als ein Geschenk aus seinen Händen. Wenn dies schon für unser tägliches Brot gilt — und das Vaterunser bestätigt es uns —, wieviel mehr gilt es dann für geistliche Segnungen. Beim Beten ist uns das alles ganz klar, auch wenn wir uns bei einer nachfolgenden Auseinandersetzung zu anderen Aussagen verleiten lassen sollten. Mit jedem Gebet bekennen wir unsere eigene Ohnmacht und Gottes Allmacht. Allein die Tatsache, daß ein Christ betet, ist somit der Beweis, daß er an die Herrschaft seines Gottes glaubt.

Ebensowenig möchte ich Zeit darauf verwenden, die biblische Lehre zu entfalten, daß Gott bei der Errettung von Menschen souverän ist; denn auch das glauben wir, wie zwei Tatsachen zeigen:

Erstens danken wir Gott für unsere Bekehrung. Warum? Weil wir davon überzeugt sind, daß nur Gott allein sie bewirkte. Nicht wir haben uns bekehrt, sondern er tat es. Unser Dank schon ist ein Eingeständnis, daß unsere Bekehrung nicht unser, sondern sein Werk war. Wir schreiben es auch keinem Zufall zu, daß wir einmal unter christlichen Einfluß kamen, daß wir eine christliche Gemeinde aufsuchten, die christliche Botschaft hörten, christliche Freunde hatten und vielleicht ein christliches Elternhaus, daß die Bibel in unsere Hände gelangte, daß wir erkannten, wie nötig wir Christus haben und daß wir uns ihm dann als unserem Erlöser anvertrauten. Unsere Buße und unseren Glauben führen wir ja schließlich auch nicht auf unsere eigene Weisheit und unseren gesunden Menschenverstand zurück. Vielleicht haben wir in der Zeit, als wir auf der Suche nach Christus waren, uns sehr abgemüht, viel gelesen und nachgedacht, doch alle diese Anstrengungen machten unsere Bekehrung nicht zu unserem eigenen Werk. Unser Glaubensschritt zu Christus hin ist nur insofern uns zuzuschreiben, als wir selbst ihn getan haben; das bedeutet jedoch nicht, daß wir uns selbst bekehrt hätten. Im Grunde genommen können wir gar nicht auf den Gedanken kommen, uns selbst errettet zu haben.

Rückblickend müssen wir uns selbst die Schuld zuschreiben für unsere frühere Blindheit und Indifferenz, unseren Eigensinn und unser Ausweichen vor der Erlösungsbotschaft; wir loben uns doch nicht etwa dafür, daß wir schließlich dann doch von dem beharrlichen Werben Jesu Christi besiegt wurden. Wir denken doch nicht im Traum daran, das Verdienst um unsere Errettung zwischen Gott und uns aufzuteilen. Nicht einen Augenblick könnten wir annehmen, der entscheidende Beitrag zu unserer Errettung sei von uns und nicht von Gott geleistet worden. Wir würden doch niemals Gott sagen, bei aller Dankbarkeit für die von ihm geschenkten Mittel und Wege der Gnade hätten wir doch erkannt, daß wir nicht ihm, sondern uns selbst für unsere Antwort auf seinen Ruf zu danken hätten. Unser Herz empört sich bei dem bloßen Gedanken, mit Gott in dieser Weise zu reden. Wir danken ihm ja nicht weniger aufrichtig für das Geschenk des Glaubens und der Buße als für Christus selbst, den wir im Glauben annehmen und empfangen. Diesen Weg hat uns unser Herz stets geführt, seitdem wir Christen wurden. Gott allein geben wir die Ehre für alles, was mit unserer Errettung zusammenhängt, und wissen, daß es Lästerung wäre, ihm den Dank für sein Glaubensgeschenk an uns zu verweigern. Durch diese Art, über unsere Bekehrung zu denken und für sie zu danken, erkennen wir die Souveränität der göttlichen Gnade an, wie jeder andere Christ in der Welt es auch tut.

In diesem Zusammenhang ist der Bericht von Charles Simeon über seine Unterhaltung mit John Wesley am 20. Dezember 1784 – das Datum ist in Wesleys »Tagebuch« angegeben – lehrreich:

»Mein Herr, ich hörte, daß man Sie einen Remonstranten[1] nennt; mich selbst nannte man bisweilen einen Calvinisten, und daher nehme ich an, daß wir wohl Feinde sein müssen. Bevor ich jedoch in den Kampf einwillige, möchte ich Ihnen mit Ihrer Erlaubnis einige Fragen stellen ... Sagen Sie mir bitte, mein Herr, halten Sie sich selbst für ein so schlechtes Wesen, daß Ihnen niemals der Gedanke gekommen wäre, sich Gott zuwenden zu können, wenn Er selbst es Ihnen nicht zuerst ins Herz gegeben hätte?«

»Ja«, sagte der alte Herr, »so ist es wirklich.«

»Und haben Sie keine Hoffnung, sich bei Gott durch Ihr eigenes Tun ins gute Licht setzen zu können, sondern erwarten Sie Ihre Errettung allein durch das Blut und die Gerechtigkeit Jesu Christi?«

»Ja, allein durch Christus.«

»Angenommen aber, mein Herr, Christus habe Sie zuerst errettet, müssen Sie sich nicht später doch auf irgendeine Weise durch Ihre eigenen Werke erretten?«

»Nein, Christus muß mein Retter von Anfang bis Ende sein.«

»Gesetzt den Fall, Sie wurden also zuerst durch die Gnade Gottes zur Umkehr gebracht, müssen Sie sich nicht irgendwie dann durch eigene Kraft halten?«

»Nein.«

»Aber wie dann, muß Gott Sie jede Stunde und jeden Augenblick halten wie ein Kind in den Armen der Mutter?«

»Ja, Er ist meine einzige Hoffnung.«

»Nun, mein Herr, dann will ich mit Ihrer Erlaubnis mein Schwert wieder einstecken; mehr ist mein Calvinismus auch nicht. Dies ist auch meine Erwählung, meine Rechtfertigung aus dem Glauben, meine Bewahrung bis zum Ende; es ist im wesentlichen alles, was ich glaube und wie ich glaube. Wenn es Ihnen recht ist, wollen wir uns daher herzlich zusammenfinden in den Dingen, in denen

---

[1] Remonstranten, auch Arminianer, nach dem Leidener Theologen Jakob Arminius († 1609); verwirft die absolute Prädestinationslehre.

wir übereinstimmen, anstatt Formulierungen und Redewendungen herauszusuchen, die Anlaß zum Streit zwischen uns geben[2].«

Auch auf eine zweite Art erkennen wir die Souveränität Gottes in der Errettung an: Wir beten für die Bekehrung anderer Menschen. Wie aber sieht unsere Fürbitte für sie aus? Beschränken wir uns auf die Bitte, Gott möge sie an einen Punkt führen, an dem sie sich unabhängig von ihm selbst bekehren können? Wohl kaum. Ich meine doch, wir bitten Gott in aller Bestimmtheit, er selber möge diese Menschen erretten, ihnen das innere Auge öffnen, ihre harten Herzen erweichen, ihr Wesen erneuern und ihren Willen zur Annahme des Erlösers bewegen. Wir bitten Gott, in diesen Menschen alles zu wirken, was für ihre Errettung notwendig ist. Lehnen wir es etwa ab, im Gebet Gott zu bitten, daß er sie wirklich zum Glauben bringe, weil wir erkannt haben, daß er so etwas nicht kann? Weit gefehlt! Wenn wir für unbekehrte Menschen beten, dann doch in der Annahme, daß es in Gottes Macht steht, sie zum Glauben zu bringen. Gerade das erflehen wir von ihm; unser Vertrauen ist dabei gegründet auf die Gewißheit, daß er unsere Bitte erfüllen kann. Diese Überzeugung, die uns zur Fürbitte leitet, ist selbst eine Wahrheit Gottes, die er uns durch den Heiligen Geist ins Herz gegeben hat. Beim Beten, da die geistliche Reife und Weisheit eines Christen erst eigentlich vollkommen werden, wissen wir, daß die Ursache für die Hinwendung eines Menschen zu Gott ein Gnadenakt Gottes selbst ist, in dem er selbst ihn zu sich zieht. Von diesem Wissen wird der Inhalt unserer Gebete bestimmt. Sowohl in unserer Fürbitte für andere als auch im Dank für unsere Bekehrung kommt so die Anerkennung und das Bekenntnis der Souveränität der göttlichen Gnade zum Ausdruck. So halten es die Christen überall.

Seit langer Zeit besteht innerhalb der Kirche eine Kontroverse dahingehend, ob Gott wirklich der Herr über das menschliche Verhalten und über den rettenden Glauben ist oder nicht. Das bisher Gesagte zeigt uns, wie wir diese Auseinandersetzung anzusehen haben. Die Lage ist in Wirklichkeit nicht so, wie sie scheint. Es ist nämlich nicht wahr, daß einige Christen an die göttliche Souveränität glauben und die anderen nicht. Vielmehr glauben alle Christen an die göttliche Souveränität, nur sind sich einige dessen nicht bewußt und bilden sich fälschlicherweise ein, daß sie sie ablehnen, was sie auch noch mit Nachdruck behaupten. Woher kommt dieser

---

[2] In: Horae Homileticae, Vorwort I, XVII f.

verworrene Zustand? Die Wurzel ist die gleiche wie bei den meisten Irrtümern der Kirche: das Eindringen verstandesmäßiger Spekulationen, das Verlangen nach systematischer Folgerichtigkeit, eine Abneigung, die Realität des Wunders anzuerkennen und Gott größere Weisheit als den Menschen zuzubilligen, sowie eine ständige Unterordnung der Schrift unter die angeblichen Forderungen der menschlichen Logik. Diese Menschen wissen, daß die Bibel die Verantwortung des Menschen für sein Handeln lehrt, sie erkennen aber nicht — und können es als Menschen nicht erkennen —, wie dies mit der souveränen Herrschaft Gottes über dieses Handeln vereinbar ist. Sie sind nicht bereit, diese beiden Wahrheiten nebeneinander stehen zu lassen wie in der Schrift, sondern folgern daraus, daß sie — zur Aufrechterhaltung der biblischen Wahrheit von der menschlichen Verantwortung — die gleichermaßen biblische und wahre Aussage von der göttlichen Souveränität ablehnen und die Vielzahl der sich darauf beziehenden Textstellen wegdiskutieren müssen. Der Wunsch, die Bibel durch Eliminieren der Wunder weitgehend zu vereinfachen, entspricht dem Wesen unseres verderbten Denkens, so daß es nicht erstaunlich ist, wenn selbst rechtschaffene Menschen diesem Versuch zum Opfer fallen. Von da her rührt also dieser hartnäckige und unerfreuliche Streit. Die Ironie hierbei liegt jedoch darin, daß es sich bei einer Befragung, wie denn beide Seiten beten, herausstellt, daß jene, die angeblich die Souveränität Gottes für unsere Errettung leugnen, genauso fest daran glauben wie diejenigen, die sie anerkennen.

Wie beten wir denn? Bitten wir Gott nicht um unser tägliches Brot? Danken wir ihm nicht für unsere Bekehrung? Erbitten wir nicht die Bekehrung anderer Menschen? Sollte jemand dies verneinen, kann ich nur annehmen, daß er noch nicht wiedergeboren ist. Bejahen wir es aber, dann ist das gleichzeitig der Beweis, daß wir — ungeachtet unserer früheren Stellungnahme in der Auseinandersetzung zu dieser Frage — im Herzen an die Souveränität Gottes nicht weniger als jeder andere glauben. Menschen gegenüber mögen wir Argumente bereit haben, im Gebet vor Gott aber sind wir alle einig. Diese Übereinstimmung, die unsere Gebete beweisen, möchte ich als Ausgangspunkt für unsere weiteren Überlegungen nehmen.

3. Göttliche Souveränität und menschliche Verantwortung

Im nun Folgenden wollen wir den missionarischen Auftrag des Christen im Lichte der Voraussetzung überdenken, daß Gott im Werk der Erlösung souverän ist. Wir müssen uns von vornherein darüber klar sein, daß dies keine einfache Aufgabe ist. Alle theologischen Themen enthalten Fallen für Unvorsichtige, denn Gottes Wahrheit stimmt nie ohne weiteres mit den Erwartungen des Menschen überein, und unser Thema hier ist trügerischer als die meisten anderen. Bei unseren Überlegungen nämlich müssen wir uns mit einer Antinomie in der biblischen Offenbarung auseinandersetzen. Bei solchen Gelegenheiten neigt unser begrenztes Denken mehr denn je dazu, auf Abwege zu geraten.

Was ist nun eine Antinomie? Eine gängige Definition lautet: »ein Widerspruch zwischen Schlußfolgerungen, die in gleicher Weise folgerichtig, vernünftig oder notwendig erscheinen«.

Eine Antinomie liegt dort vor, wo zwei Grundsätze nebeneinander stehen, die scheinbar unvereinbar, jedoch beide unbestreitbar sind. Es bestehen zwingende Gründe, jeden für sich gelten zu lassen, jeder von ihnen basiert auf klarer und zuverlässiger Beweisführung, doch bleibt es ein Geheimnis, wie beide miteinander in Einklang gebracht werden können. Man sieht ein, daß jeder für sich allein wahr sein muß, doch versteht man nicht, wie beide zusammen wahr sein können.

Hier ein bekanntes Beispiel: Die moderne Physik sieht sich bei der Untersuchung des Lichts einer solchen Antinomie gegenüber. Es bestehen zwingende Beweise dafür, daß das Licht aus Wellen besteht, und ebenso zwingende Beweise dafür, daß es aus Korpuskeln besteht. Es ist nicht ohne weiteres einzusehen, wie Licht sowohl aus Wellen als auch aus Korpuskeln bestehen kann, doch ist es erwiesen, und somit kann keine der beiden Anschauungen zugunsten der anderen ausgeschlossen werden. Außerdem kann keine auf die andere zurückgeführt oder mit deren Terminologie erklärt werden. Die beiden scheinbar unvereinbaren Standpunkte müssen aufrechterhalten und jeder für sich als zutreffend behandelt werden. An einer solchen Notwendigkeit nimmt unser an den Gesetzen der Logik geschultes Denken zweifellos Anstoß; es läßt sich jedoch nichts daran ändern, wenn wir den Tatsachen Rechnung tragen wollen.

Daraus geht also hervor, daß eine Antinomie nicht dasselbe ist wie ein Paradox. Ein Paradox ist eine Redefigur, ein Wortspiel. Es stellt eine Aussageform dar, die zwei gegensätzliche Gedanken zu verbinden oder durch eben die Worte zu leugnen scheint, mit denen sie etwas bekräftigen will. Viele Wahrheiten des Christenlebens können paradox formuliert werden. Im Gebetbuch der Anglikanischen Kirche zum Beispiel heißt es, daß »Dienst (Gottes) die vollkommene Freiheit« ist: der Mensch wird frei, indem er zum Diener wird. Paulus führt verschiedene Paradoxe aus seiner eigenen Erfahrung als Christ an: »betrübt, aber allezeit fröhlich... Leute, die nichts haben und doch alles besitzen«; »wenn ich schwach bin, so bin ich stark« (2. Kor. 6, 10; 12, 10). Das Entscheidende an einem Paradox ist jedoch, daß nicht die Tatsachen, sondern die Worte den scheinbaren Widerspruch hervorrufen. Der Widerspruch besteht in Worten, aber nicht in Wirklichkeit, und bei etwas Überlegung zeigt sich, wie er beseitigt und die gleiche Aussage ohne Paradox formuliert werden kann. Mit anderen Worten, ein Paradox ist immer entbehrlich, wie die obigen Beispiele zeigen. Im Gebetbuch könnte auch stehen, daß diejenigen, die Gott dienen, von der Herrschaft der Sünde befreit sind. In 2. Kor. 6, 10 hätte Paulus sagen können, daß die Traurigkeit über bestimmte Dinge und die Freude in Gott in seinem Leben stets nebeneinander existieren und daß er auch ohne Besitz und Bankkonto das Gefühl hat, daß alles ihm gehört, weil er Christi Eigentum und Christus der Herr über alles ist. Desgleichen hätte er in 2. Kor. 12, 10 sagen können, daß der Herr ihn dann gerade am meisten stärkt, wenn er sich seiner eigenen Schwachheit am deutlichsten bewußt ist. Solche nicht-paradoxen Formulierungen wirken neben den Paradoxen, die sie ersetzen sollen, plump und farblos, haben aber genau die gleiche Bedeutung. Bei einem Paradox geht es eben nur darum, wie man die Worte gebraucht. Die Anwendung eines Paradoxes ist ein interessanter, sprachlicher Kunstgriff, schließt aber nicht die Spur eines Widerspruchs in der Aussage ein, die wir damit machen wollen.

Darüber hinaus ist festzustellen, daß ein Paradox immer verstehbar ist. Ein Sprecher oder Schreiber formuliert seine Gedanken in Paradoxen, um sie dem Gedächtnis einzuprägen und zum Nachdenken darüber anzuregen. Der so Angesprochene muß aber bei näherer Überlegung die Auflösung des Paradoxes finden können, denn andernfalls erscheint es ihm wirklich als Widerspruch und somit letzten Endes bedeutungslos.

Dagegen ist eine Antinomie weder entbehrlich noch verständlich. Sie stellt keine Sprachfigur dar, sondern eine festgestellte Beziehung zwischen zwei Aussagen über bestehende Tatsachen. Sie wird nicht willkürlich geprägt, sondern uns von den Tatsachen selbst aufgezwungen. Sie ist unvermeidbar und nicht zu lösen. Wir können sie weder erfinden noch erklären. Man kann sie auch nicht irgendwie abtun, es sei denn durch Verfälschung eben der Tatsachen, die uns dazu führten.

Was fängt man aber mit einer Antinomie an? Wir müssen sie so nehmen, wie sie ist, und lernen, sie in unser Leben aufzunehmen. Wir sollen die Unvereinbarkeit nicht als wirklich ansehen und den vermeintlichen Widerspruch der Unzulänglichkeit unseres eigenen Denkens zuschreiben. Betrachten wir die beiden Grundsätze nicht als einander ausschließende Alternativen, sondern als ein sich ergänzendes komplementäres Phänomen, das wir zur Zeit nicht begreifen können. Wir müssen uns daher hüten, sie gegeneinander auszuspielen oder aus einer der beiden Schlußfolgerungen zu ziehen, die die andere überschneiden. Wir müssen jeden der beiden Grundsätze innerhalb der Grenzen seines eigenen Bezugskreises verwenden, d. h. des Bereiches, der abgegrenzt ist durch die Evidenz, aus der der Grundsatz hergeleitet wurde. Wir müssen die Zusammenhänge erkennen, die zwischen den beiden Wahrheiten und ihren entsprechenden Bezugsgrenzen bestehen und uns darin üben, von der Realität derart zu denken, daß darin Raum für eine friedliche Koexistenz besteht, hat doch die Wirklichkeit selbst gezeigt, daß sie beide enthält. Auf diese Weise müssen wir mit Antinomien umgehen, ob sie uns nun in der Umwelt oder in der Schrift begegnen. Soweit ich unterrichtet bin, behandelt auch die moderne Physik das Problem des Lichtes auf diese Art, und gerade so müssen Christen mit den Antinomien der biblischen Lehre umgehen.

Die spezielle Antinomie, die uns hier beschäftigen soll, ist der scheinbare Gegensatz von göttlicher Souveränität und menschlicher Verantwortung, oder — biblischer ausgedrückt — von dem, was Gott als König und dem, was er als Richter tut. Die Schrift sagt, daß er als König alle Dinge, auch das menschliche Handeln, nach seinem ewigen Ratschluß bestimmt und lenkt[1]. Ebenso lesen wir in der Schrift, daß er als Richter jeden Menschen zur Verantwortung zieht für seine Handlungsweise und die von ihm getroffenen Entscheidungen[2]. So ist also der Hörer der Botschaft für seine Reaktion

---
[1] Siehe 1. Mose 45, 8; 50, 20; Spr. 16, 9; 21, 1; Matth. 10, 29; Apg. 4, 27 f; Röm. 9, 20 f; Eph. 1, 11 usw.
[2] Siehe Matth. 25; Röm. 2, 1–16; Offb. 20, 11–13 usw.

verantwortlich; lehnt er die frohe Botschaft ab, macht er sich des Unglaubens schuldig. »Wer nicht glaubt, der ist schon gerichtet; hat er doch nicht geglaubt...[3]« Andererseits ist Paulus für die Verkündigung des Evangeliums, das ihm anvertraut wurde, verantwortlich; führt er seinen Auftrag nicht durch, macht er sich der Treulosigkeit schuldig. »Ich *muß* es tun, und wehe mir, wenn ich es nicht täte[4]!« Die Bibel lehrt uns Gottes Souveränität und die Verantwortung des Menschen nebeneinander, oft sogar in ein und derselben Textstelle[5]. Beides ist uns also durch die gleiche göttliche Autorität verbürgt, und daher ist beides wahr. Daraus folgt, daß beide Phänomene aufrechterhalten werden müssen und nicht gegeneinander ausgespielt werden dürfen. Der Mensch ist ein für sein Handeln sittlich Verantwortlicher, während er *auch* göttlich geführt wird; er wird von Gott geführt, während er *auch* in eigener sittlicher Verantwortung handelt. Gottes Souveränität ist ebenso eine Realität wie die Verantwortung des Menschen. In den Begriffen dieser offenbarten Antinomie müssen wir über den Missionsauftrag nachdenken.

Für unser begrenztes Denkvermögen ist dies natürlich etwas Unerklärliches. Es hört sich wie ein Widerspruch an, den wir in unserer ersten Reaktion für absurd und bedauerlich halten. Paulus geht darauf im Römerbrief ein: »Nun wirst du einwenden: Wie kann er (Gott) uns dann noch einen Vorwurf machen? Kann sich ja doch niemand Gottes Willen widersetzen!« (Röm. 9, 19) Wenn Gott als unser Herr unser ganzes Handeln bestimmt, wie kann er dann gerechterweise auch als unser Richter auftreten und unsere Fehler verurteilen? Achten wir aber auf die Antwort des Paulus: Er versucht nicht, die Richtigkeit des Handelns Gottes darzulegen, sondern tadelt die Geisteshaltung, aus der die Frage entspringt. »O Mensch, wer bist du denn, daß du mit Gott rechten willst?« Der Aufsässige soll begreifen, daß er als Geschöpf und als Sünder überhaupt kein Recht hat, die offenbarten Wege Gottes zu mißbilligen. Das Geschöpf ist nicht berechtigt, Anklagen gegen seinen Schöpfer zu erheben. Weiter sagt Paulus: Die Souveränität Gottes besteht zu vollem Recht, denn er besitzt das absolute Verfügungs-

---

[3] Joh. 3, 18; vgl. Matth. 11, 20–24; Apg. 13, 38–41; 2. Thess. 1, 7–10 usw.
[4] 1. Kor. 9, 16; vgl. Hes. 3, 17 ff; 33, 7 ff.
[5] Z. B. Luk. 22, 22: »Des Menschen Sohn geht zwar seinen Weg (zum Tode), wie es ihm bestimmt ist, aber wehe dem Menschen, durch den er verraten wird.« Vgl. Apg. 2, 23.

recht über sein Geschöpf[6]. Zu Beginn des Römerbriefes hat Paulus bereits gezeigt, daß auch Gottes Gericht über die Sünder durchaus zu Recht besteht, da wir für unsere Sünden sein Urteil in reichem Maße verdient haben[7]. Unsererseits, will er uns sagen, haben wir diese Tatsachen anzuerkennen und Gottes Handeln als König wie als Richter anzubeten und nicht darüber nachzusinnen, wie die Gott zustehende Souveränität und sein göttliches Richteramt in Übereinstimmung zu bringen sind, oder gar zu bezweifeln, daß eines von beiden zu Recht besteht, nur weil uns das Problem ihrer Beziehung zueinander zu schwer ist! Unsere menschlichen Überlegungen sind nicht der Maßstab für unseren Gott. Er als Schöpfer hat uns wissen lassen, daß er sowohl ein souveräner Herr als auch ein gerechter Richter ist. Sollte uns das nicht genügen? Warum wollen wir ihn nicht bei seinem Wort nehmen? Können wir seinen Aussagen nicht trauen?

Es sollte uns keineswegs überraschen, wenn wir solche Geheimnisse im Wort Gottes finden, denn der Schöpfer ist für sein Geschöpf unbegreiflich. Ein Gott, den wir bis ins Letzte verstehen könnten und dessen Offenbarung über sich selbst uns keinerlei Geheimnisse bieten würde, wäre ein Gott nach menschlichem Bild, also ein von uns eingebildeter Gott, und nicht der Gott der Bibel, der da sagt: »Meine Gedanken sind nicht eure Gedanken und eure Wege sind nicht meine Wege..., so hoch der Himmel über der Erde ist, so viel sind meine Wege höher als eure Wege und meine Gedanken höher als eure Gedanken« (Jes. 55, 8 f). Die hier vorliegende Antinomie ist nur eine von vielen, die die Bibel enthält. Wir können gewiß sein, daß sie alle im Geist und Ratschluß Gottes in Einklang gebracht sind und dürfen hoffen, daß wir sie selbst einmal im Himmel verstehen werden. Bis dahin aber müssen wir hier auf Erden jeweils beide miteinander streitende Wahrheiten in gleichem Maße aufrechterhalten, sie entsprechend ihrer biblischen Beziehung zueinander sehen und erkennen, daß wir es hier mit einem Geheimnis zu tun haben, das wir in diesem Leben nicht werden klären können.

Das ist nun zwar leicht gesagt, aber nicht leicht getan, denn im Grunde sind Antinomien unserem Denken zuwider. Wir verpacken gern alles in nette, kleine Gedankenpakete, denen kein Geheimnis anhaftet und aus denen keine losen Schnüre heraushängen. Wir sind daher versucht, die Antinomien durch illegitime Maßnahmen aus

---
[6] Röm. 9, 20 f.
[7] Röm. 1, 18ff. 32; 2, 1–16.

unserem Denken zu entfernen, indem wir die eine Wahrheit im vermeintlichen Interesse der anderen sowie einer geordneteren Theologie zuliebe verschweigen oder als hinderlich beiseite legen. So auch im vorliegenden Fall. Die Versuchung besteht darin, daß man die eine Wahrheit durch die Art, wie die andere betont wird, beschneidet und verstümmelt, d. h. also, daß man die Verantwortung des Menschen so hervorhebt, daß dadurch Gott als Souverän eingeschränkt wird, oder aber, daß man die Souveränität Gottes in einem solchen Maße betont, daß damit die Verantwortung des Menschen untergraben wird. Vor jedem dieser Irrtümer muß man sich hüten. Es lohnt sich daher, einmal darüber nachzudenken, wie diese Versuchung speziell im Hinblick auf die Evangelisation entsteht.

Da besteht zunächst die Gefahr einer ausschließlichen Betonung der menschlichen Verantwortung. Wie wir gesehen haben, ist die menschliche Verantwortung eine Tatsache, und zwar eine sehr ernste. Die Verantwortung des Menschen vor seinem Schöpfer ist wirklich die grundlegende Tatsache seines Lebens und kann nicht ernst genug genommen werden. Gott machte uns zu sittlich verantwortlichen Geschöpfen und behandelt uns in dieser Würde. Er richtet sein Wort an jeden von uns persönlich, und jeder von uns ist für sein Aufmerken darauf verantwortlich, für sein Beachten oder seine Gleichgültigkeit, für seinen Glauben oder Unglauben, für seinen Gehorsam oder Ungehorsam. Unserer Verantwortung für unsere Reaktion auf die Offenbarung Gottes können wir nicht entgehen; unter diesem Gesetz leben wir. In unserer Antwort entscheidet sich unser Leben.

Ein Mensch ohne Christus ist ein schuldig gesprochener Sünder, vor Gott verantwortlich dafür, daß er sein Gesetz gebrochen hat. Er braucht daher das Evangelium. Darum, hört er es, so trägt er die Verantwortung für seine Entscheidung. Es legt ihm die Wahl zwischen Leben und Tod vor, die bedeutendste Entscheidung im Leben eines Menschen. Wenn wir das Evangelium einem unbekehrten Menschen bringen, kommt es sehr oft vor, daß er, ohne sich dessen recht bewußt zu werden, versucht, sich über den Ernst der Angelegenheit hinwegzutäuschen und damit das Abschütteln der ganzen Frage für sich zu rechtfertigen. In diesem Fall müssen wir alle in unserer Macht stehenden rechtmäßigen Mittel gebrauchen, um ihm den Ernst der vor ihm liegenden Entscheidung nahezubringen und ihm eindringlich klarzumachen, daß er sich nicht dazu hinreißen lassen darf, eine so wichtige Sache in unverantwortlicher Weise zu behandeln. Wenn wir die Verheißungen und Aufforderungen des Evangeliums predigen und Männern und Frauen Jesus Christus nahebringen, dann müssen wir auch immer wieder dabei betonen, daß sie vor Gott für die Art ihrer Reaktion auf die frohe Botschaft von seiner Gnade verantwortlich sind. Dieser Punkt kann von keinem Verkündiger klar genug herausgestellt werden.

Gleichermaßen tragen wir die Verantwortung für die Verkündigung des Evangeliums. Christi Auftrag an seine Jünger »Geht hin ... und macht zu Jüngern ... «(Matth. 28, 19) erging an sie in ihrer Eigenschaft als Stellvertreter; dieser Auftrag Christi gilt nicht nur den Aposteln, sondern der ganzen Kirche. Die Verkündigung gehört zur nicht übertragbaren Verantwortung einer jeden christlichen Gemeinde und eines jeden Christenmenschen. Wir alle stehen unter dem Auftrag, uns für die Verbreitung der frohen Botschaft einzusetzen und alle unsere Erfindungsgabe und unseren Unternehmungsgeist zu gebrauchen, um diese Botschaft in der ganzen Welt bekanntzumachen. Ein Christ muß daher ständig sein Gewissen prüfen und sich fragen, ob er in dieser Beziehung auch alles tut, was er kann, denn auch hier handelt es sich um eine Verantwortung, die man nicht abwälzen kann.

Man muß daher die Frage der menschlichen Verantwortung in ihrer sehr ernsten Bedeutung sowohl auf den Verkündiger als auch auf den Hörer des Evangeliums beziehen. Andererseits aber darf sie nicht den Gedanken der göttlichen Souveränität aus unserem Bewußtsein verdrängen. Wie wir uns stets daran erinnern sollen, daß wir die Verantwortung für die Verkündigung des Heils tragen, dürfen wir auch nicht vergessen, daß Gott es ist, der errettet. Gott ist es, der Männer und Frauen unter das Wort führt und auch Gott nur bringt sie zum Glauben an Jesus Christus. Unsere Verkündigungsarbeit ist das Werkzeug, das er für dieses Ziel verwendet; aber nicht das Werkzeug hat die Macht zu erretten, sondern er, der es in seinen Händen hält. Das dürfen wir in keinem Augenblick vergessen, denn sonst könnten wir meinen, wir seien für die Frucht verantwortlich, wohingegen es doch Gottes Vorrecht ist, sie durch die Verkündigung zu schenken. Sollten wir überdies vergessen, daß nur Gott allein Glauben wecken kann, dann würden wir annehmen, daß letzten Endes die Bekehrungen nicht von Gott, sondern von uns abhängig sind, wobei der entscheidende Faktor die Art unserer Verkündigung wäre. Dieser Gedankengang, konsequent zu Ende verfolgt, führt uns auf Irrwege.

Wir wollen dies einmal durchdenken. Wenn wir unsere Arbeit darin sähen, Christus nicht nur zu verkündigen, sondern selbst bekehrte Menschen zu schaffen, nicht nur treu, sondern auch erfolgreich zu evangelisieren, dann würde unsere Wortverkündigung pragmatisch und berechnend. Wir müßten daraus folgern, daß wir sowohl für das persönliche Gespräch als auch für das öffentliche Predigen eine zweifache Grundausrüstung benötigen: Nicht allein eine klare Vorstellung von der Bedeutung und Anwendung des Evangeliums, sondern auch eine unwiderstehliche Methode, um eine Reaktion zu bewirken. Wir müßten es uns daher zur Aufgabe machen, eine solche Methode zu entwickeln. Und das Kriterium für den Wert unserer eigenen Verkündigung und die anderer wäre dann nicht nur die dargebrachte Botschaft, sondern auch der sichtbare Erfolg. Wenn unsere Bemühungen nicht Frucht tragen, müßten wir daraus folgern, daß unsere Methode noch verbessert werden soll; sind jedoch Erfolge zu verzeichnen, dann könnten wir darin eine Rechtfertigung der von uns angewandten Methode sehen. Die Wortverkündigung wäre anzusehen als eine Tätigkeit, bei der ein Willenskampf ausgetragen wird zwischen uns und denjenigen, denen wir die Botschaft bringen, ein Kampf, in dem unser Sieg davon abhängt, ob das aufgefahrene Geschütz wohlüberlegter, wirkungsvoller Ausführungen schwer genug ist. Damit aber wären unsere Vorstellungen von Verkündigung denen der Gehirnwäsche erschreckend ähnlich.

Wir sehen also, wie gefährlich es ist, die Souveränität Gottes zu vergessen. Wir sollen durchaus unsere Verantwortung darin erkennen, die Botschaft so zu verkündigen, daß sie trifft, sollen auch die Bekehrung ungläubiger Menschen herbeiwünschen und das Evangelium so klar und eindringlich wie möglich verkündigen. Wenn wir uns nämlich mit ganz vereinzelten Bekehrungen begnügen und uns keine Gedanken darüber machen, ob unsere Christusverkündigung die Herzen erreicht oder nicht, dann ist mit uns etwas nicht in Ordnung. Es ist aber unrecht, wenn wir mehr tun wollen als Gott uns aufgibt. Wir dürfen nicht uns für die Frucht bekehrter Menschen verantwortlich fühlen und durch eigene Initiative und Methoden das zu erreichen versuchen, was nur Gott erreichen kann. Wir würden damit in den Herrschaftsbereich des Heiligen Geistes eindringen und uns zu Vermittlern der Wiedergeburt erheben. Wir müssen ganz klar erkennen: Nur wenn unser Wissen um die Souveränität Gottes unser Planen, Beten und Arbeiten in seinem Dienst steuert, können wir vor diesem Fehler bewahrt bleiben. Denn wo wir uns nicht bewußt auf Gott verlassen, da werden wir uns unweigerlich sehr bald auf uns selbst verlassen. Der Geist des Selbstvertrauens aber ist von schädlichem Einfluß auf die Verkündigung. Er ist die unausweichliche Folge davon, daß man die Souveränität Gottes bei der Bekehrung von Menschen vergißt.

Auf der anderen Seite aber droht die entgegengesetzte Versuchung, nämlich eine ausschließliche Betonung der göttlichen Souveränität.

Es gibt Christen, deren Gedanken ständig auf die Souveränität Gottes gerichtet sind. Diese Wahrheit bedeutet ihnen sehr viel. Sie ist ihnen vielleicht einmal ganz plötzlich und mit der Kraft einer gewaltigen Offenbarung klargeworden. Nach ihren Aussagen hat sie eine wahrhaft kopernikanische Umorientierung ihres Denkens hervorgerufen und einen neuen Mittelpunkt in ihr gesamtes persönliches Universum gesetzt. Sie erkennen, daß früher der Mensch in der Mitte und Gott an der Peripherie ihres Weltalls gestanden hat. Sie hielten ihn eher für einen Betrachter als für den Urheber aller Vorgänge in seiner Welt. Ihrer ursprünglichen Meinung nach war das Handeln des Menschen und nicht Gottes Plan der steuernde Faktor in jeder Situation. Das Glück des Menschen erschien ihnen für Gott nicht weniger als für sie selbst die bemerkenswerteste und wichtigste Tatsache innerhalb der Schöpfung. Jetzt aber sehen sie ein, daß dieses Denken, welches den Menschen im Mittelpunkt sieht, sündig und unbiblisch ist; sie erkennen, daß, von einem bestimmten Standpunkt aus gesehen, die ganze Absicht der Bibel darin liegt, diese Anschauung zunichte zu machen, und daß bestimmte biblische Bücher in fast jedem Kapitel diese menschliche Sicht zunichte machen. Und sie werden sich darüber klar, daß von nun an Gott im Mittelpunkt ihres Denkens und Trachtens stehen muß, so wie er auch das Zentrum in der Wirklichkeit seines Reiches ist. Sie erfassen jetzt die gewaltige Aussage der berühmten ersten Antwort im Kleinen Westminster Katechismus: »Die Hauptaufgabe des Menschen besteht darin, Gott zu verherrlichen und in diesem Tun ewige Freude in Gott zu haben.« Nun erkennen sie, daß das von Gott verheißene Glück nicht darin zu finden ist, daß man es um seiner selbst willen sucht, sondern daß man sich selbst vergißt in der täglichen Hauptaufgabe, Gott zu verherrlichen, seinen Willen zu tun und seine Kraft in den Höhen und Tiefen, Sorgen und Plagen des Alltags zu erfahren. Das Rühmen und Lobpreisen

Gottes muß sie von nun an für Zeit und Ewigkeit gänzlich ausfüllen, denn sie wissen jetzt, daß der ganze Sinn ihrer Existenz darin besteht, daß sie mit Herz und Leben Gott anbeten und erhöhen sollen. Sie fragen sich daher bei allem nur eines: Wie kommt hier Gottes Ruhm am besten zum Ausdruck? Was kann ich tun, daß Gott in dieser Situation verherrlicht wird?

Während sie sich diese Frage stellen, wird ihnen klar, daß, obgleich Gott Menschen benutzt, um seine Pläne zu erreichen, letzten Endes doch nichts vom Menschen abhängt. Es hängt vielmehr alles von dem Gott ab, der die Menschen erschafft, damit sie seinen Willen tun. Sie erkennen auch, daß Gott jede Situation lenkt, noch bevor seine Diener zur Stelle sind, daß er die Umstände weiterführt und seinen Willen darin durch alles Menschenwerk hindurch vollendet, durch all ihr Fehlen und Versagen, und ebenso durch ihre persönlichen Erfolge hindurch. Sie erkennen deshalb, daß sie sich niemals um die Lade Gottes zu sorgen brauchen, wie Ussa es einst tat, denn Gott führt seine eigene Sache weiter. Sie werden nie Ussas Fehler machen, indem sie zuviel auf sich nehmen und auf unerlaubte Weise Gottes Arbeit tun aus Angst, sie würde sonst überhaupt nicht getan[8]. Da Gott doch alles regelt, brauchen sie nie zu fürchten, ihm Verlust oder Schaden zu verursachen, wenn sie sich darauf beschränken, ihm so zu dienen, wie er es angeordnet hat. Jede andere Auffassung ist in ihren Augen im Grunde eine Leugnung seiner Weisheit oder seiner Souveränität oder auch beides. Sie haben sich auch klargemacht, daß sich ein Christ keinen Augenblick lang für Gott unentbehrlich halten oder sich so aufführen darf. Der Gott, der ihn sandte und dem es wohlgefällt, mit ihm zu arbeiten, kann auch ohne ihn auskommen. Ein Christ muß bereit sein, seine ganze Kraft auf die ihm von Gott gesetzten Aufgaben zu verwenden, aber er darf nie annehmen, daß der Kirche ein unersetzlicher Verlust entstünde, wenn Gott ihn eines Tages beiseite tut und einen anderen einsetzt. Er darf sich nie sagen, ohne ihn und die Arbeit, die er tue, würde Gottes Sache zusammenbrechen, denn dazu ist kein Grund vorhanden. Gott würde niemals in Verlegenheit kommen, wenn der eine oder andere von uns nicht da wäre. Alle, die etwas von der Souveränität Gottes begriffen haben, sehen dies und suchen sich selbst bei all ihrer Arbeit für Gott im Hintergrund zu halten. Sie geben damit ein praktisches Zeugnis von ihrem Glauben, daß

---

[8] 2. Sam. 6, 6 f. Ussa übertrat das Gebot aus 4. Mose 4, 15.

Gott groß ist und regiert. Sie streben danach, sich selbst klein zu halten und ihr Handeln so einzurichten, daß es schon an sich ein Eingeständnis dafür ist, daß das fruchtbare Ergebnis ihres Dienstes allein bei Gott liegt und nicht bei ihnen.

Bis hierher haben sie recht. Sie sind jedoch von der entgegengesetzten Versuchung umgeben. In ihrem Eifer, Gott zu verherrlichen, durch die Anerkennung seiner souveränen Gnade und durch die Weigerung, ihre eigenen Dienste als für ihn unersetzlich zu erachten, sind sie versucht, den Blick für die Verantwortung der Kirche im Hinblick auf die Evangelisation zu verlieren. Ihre Versuchung liegt in folgender Argumentation: »Zugegeben, die Welt ist gottlos; je weniger wir aber daran ändern, desto mehr wird Gott verherrlicht werden, wenn er schließlich hereinbricht und die Lage wieder ordnet. Unsere wichtigste Aufgabe ist es, darauf zu achten, daß die Initiative in seiner Hand bleibt.« Sie stehen daher in der Versuchung, jeder Art der Verkündigung, ob organisiert oder auf Grund persönlicher Initiative, mit Argwohn zu begegnen, so als handle es sich um eine grundlegende und unvermeidliche menschliche Überheblichkeit. Es treibt sie die Furcht um, sie könnten Gott vorauseilen, und so erscheint ihnen nichts dringlicher als die Abschirmung gegen diese Möglichkeit.

Das klassische Beispiel für diese Denkweise lieferte wohl vor zweihundert Jahren der Vorsitzende des kirchlichen Pfarrbruderrates, dem gegenüber William Carey die Frage der Gründung einer Missionsgesellschaft aufwarf. »Setzen Sie sich, junger Mann«, sagte der alte Gottesstreiter, »wenn es Gott gefällt, die Heiden zu bekehren, wird er es ohne Ihre und meine Hilfe tun!« Der Gedanke, die Initiative zu ergreifen und hinauszugehen, um Menschen aus allen Völkern für Christus zu gewinnen, erschien ihm unschicklich und wahrhaft vermessen. Wir wollen dies aber erst einmal gründlich überdenken, bevor wir den alten Herrn vorschnell aburteilen. Er war schließlich auch nicht ohne Verstand. Zumindest hatte er erfaßt, daß Gott es ist, der errettet, und daß Gott nach seinem eigenen Plan errettet und dazu keine Anweisungen von Menschen braucht. Außerdem hatte er erkannt, daß wir uns niemals einbilden sollen, Gott sei ohne unsere Unterstützung hilflos. Mit anderen Worten: Er hatte gelernt, die Souveränität Gottes ganz ernst zu nehmen. Sein Fehler war jedoch, daß er die Verantwortung der Kirche für die Verkündigung der Botschaft nicht genauso ernst nahm. Er hatte vergessen, daß Gott Menschen dadurch errettet, daß er seine Diener hinausschickt, um ihnen das Evangelium zu sagen, und daß es der Kirche auferlegt worden ist, zu diesem Zweck in alle Welt hinauszugehen.

Wir dürfen hierbei das eine nicht vergessen: Der Missionsbefehl Jesu bedeutet, daß wir alle unsere ganze Erfindungskraft und Unternehmungsfreude dafür einsetzen sollen, die frohe Botschaft allen nur möglichen Menschen auf jede erdenkliche Weise nahezubringen. Gleichgültigkeit und Untätigkeit im Hinblick auf die Verkündigung sind daher immer unverzeihlich. Die Lehre von der göttlichen Souveränität wäre völlig falsch angewendet, wollten wir sie dazu heranziehen, die Dringlichkeit, die Vorrangstellung und die Verbindlichkeit des Missionsbefehls zu schmälern. Man kann eine offenbarte göttliche Wahrheit nicht dazu benutzen, Sünde zu beschönigen. Gott lehrte uns die Wirklichkeit seiner Herrschaft nicht, um uns eine Entschuldigung dafür an die Hand zu geben[9], daß wir seine Befehle vernachlässigen.

Im Gleichnis Jesu von den anvertrauten Pfunden waren die »guten und getreuen« Knechte diejenigen, die die Zinsen ihres Herrn vermehrten, indem sie das ihnen anvertraute Geld in der vorteilhaftesten rechtmäßigen Weise verwendeten. Der Knecht, der sein Pfund vergrub und nichts weiter tat, als es unversehrt aufzubewahren, war zweifellos der Meinung, daß er ganz besonders gut und treu sei, doch sein Herr verurteilte ihn als »böse«, »faul« und »unnütz«. Denn was Christus uns zum Gebrauch gegeben hat, muß auch wirklich gebraucht werden; es genügt nicht, es nur ängstlich zu hüten. Das ist auch auf unser Verwalteramt für das Evangelium anwendbar. Die Wahrheit von der Errettung wurde uns nicht gesagt, damit wir sie nur in uns aufbewahren — obgleich wir natürlich auch dies tun müssen —, sondern vor allem, um sie weiterzugeben. Das Licht soll nicht unter den Scheffel gestellt werden, sondern es soll leuchten, und wir haben dafür zu sorgen. »Ihr seid das Licht der Welt...« sagt unser Herr[10]. Jeder, der sich nicht so viel er kann der Evangelisation widmet, spielt daher nicht die Rolle eines guten und getreuen Knechtes Jesu Christi.

Es tun sich also hier zwei Fallgruben vor uns auf: Eine Szylla und Charybdis des Irrtums. Jede ergibt sich aus einer Teilansicht und damit aus teilweiser Blindheit; jede offenbart ein Unvermögen, die biblische Antinomie der Verantwortung des Menschen und der Sou-

---

[9] Matth. 25, 14—30.
[10] Matth. 5, 14—16.

veränität Gottes einfach zu akzeptieren. Beide zusammen warnen uns davor, diese Wahrheiten gegeneinander auszuspielen oder zuzulassen, daß die eine in unserem Denken die andere verdunkelt oder überschattet. Beide warnen uns auch davor, von einem Extrem in das andere zu fallen. Unser letztes Stadium wäre dann wahrscheinlich schlimmer als das erste. Was aber ist zu tun? Wir sollen unseren Kurs durch den engen Kanal nehmen, der zwischen Szylla und Charybdis verläuft. Mit anderen Worten also: beide Extreme meiden, indem wir es uns zur Aufgabe machen, diese beiden Lehren mit aller Kraft zu glauben und sie ständig zur Ausrichtung und Führung unseres Lebens vor Augen zu haben.

Nach diesem Grundsatz wollen wir weiter vorgehen. Wir wollen im folgenden versuchen, beide Wahrheiten ganz ernst zu nehmen, wie es die Bibel tut, und sie in ihrem positiven biblischen Verhältnis zueinander betrachten. Wir wollen auch keine von beiden vermittels der anderen näher bestimmen, verändern oder schmälern, denn auch davon finden wir nichts in der Bibel. Die Bibel vertritt beide Wahrheiten nebeneinander durch klare, eindeutige Aussagen als zwei Grundtatsachen; daher werden auch wir in unseren Überlegungen diese Stellung einnehmen. C. H. Spurgeon wurde einmal gefragt, ob er diese beiden Wahrheiten miteinander in Einklang bringen könne. »Das würde ich gar nicht versuchen«, antwortete er, »Freunde brauche ich nicht in Einklang zu bringen.« Freunde? Jawohl – Freunde! Diese Tatsache müssen wir wirklich begreifen. In der Bibel sind göttliche Souveränität und menschliche Verantwortung keine Feinde. Sie sind sich auch keine unbequemen Nachbarn und befinden sich nicht in einem endlosen Zustand des kalten Krieges miteinander. Sie sind Freunde und gehören zusammen. Meine folgenden Ausführungen über die Verkündigung werden dies vielleicht deutlich machen.

4. Die Verkündigung der Heilsbotschaft

Wir wollen nun versuchen, die folgenden vier Fragen bezüglich der missionarischen Verantwortung des Christen von der Schrift her zu beantworten: Was ist evangelistische Verkündigung? Wie sieht die evangelistische Botschaft aus? Welches ist der Beweggrund zum Evangelisieren? Welche Mittel und Methoden sollten bei der Verkündigung angewendet werden?

a) Der Missionsauftrag

Man könnte erwarten, daß Christen bei dieser Frage nicht lange zu überlegen brauchen. Im Hinblick auf die Tatsache, daß lebendige Christen immer — und mit Recht — den Vorrang der evangelistischen Verkündigung betonen, wäre es ganz natürlich anzunehmen, daß wir uns alle darin einig sind, was sie bedeutet. Aber gerade durch die mangelnde Übereinstimmung in diesem Punkt entsteht die meiste Verwirrung bei den heutigen Diskussionen über Evangelisation. Die Ursache dieser Verwirrung läßt sich in einem Satz ausdrücken: Es besteht bei uns die weitverbreitete und ständige Angewohnheit, den Begriff der evangelistischen Verkündigung nicht im Hinblick auf die dargebrachte Botschaft, sondern auf die in unseren Zuhörern erzeugte Wirkung zu definieren.

Um dies zu veranschaulichen, wollen wir die berühmte Definition von »Evangelisation« heranziehen, die das erzbischöfliche Komitee der anglikanischen Kirche in seinem Bericht über die evangelistische Arbeit im Jahr 1918 brachte. »Evangelisieren«, so erklärte das Komitee, »heißt Christus Jesus in der Kraft des Heiligen Geistes so zu verkündigen, daß Menschen dazu gebracht werden, durch ihn ihr Vertrauen auf Gott zu setzen, ihn als ihren Erretter anzunehmen und ihm als ihrem König in der Gemeinschaft seiner Kirche zu dienen.« In mancherlei Hinsicht ist dies eine vortreffliche Definition. Sie zeigt in bewundernswerter Weise das Ziel und den Zweck der evangelistischen Arbeit und beseitigt viele unzureichende und irreführende Vorstellungen. Sie hebt zunächst hervor, daß Evangelisieren die Verkündigung einer ganz bestimmten Botschaft bedeutet. Nach dieser Definition ist Evangelisation nicht nur dem Lehren allgemeiner Wahrheiten über Gottes Existenz oder über das Sittengesetz gleichzusetzen, sondern sie muß Christus Jesus bringen, den Gottessohn, der zu einem bestimmten Zeitpunkt der Weltgeschichte Mensch wurde, um ein verderbtes Geschlecht zu erretten. Nach dieser Definition bedeutet Evangelisation auch nicht allein, die Lehre und das Vorbild des historischen Jesus zu bringen, auch nicht einmal nur die Wahrheit seines Erlösungswerkes. Evangelisation heißt, Christus Jesus selbst zu bringen, den lebendigen Heiland und regierenden Herrn. Nach dieser Definition bedeutet Evangelisation auch nicht nur, den lebendigen Jesus als Helfer und Freund hinzustellen ohne Bezugnahme auf seine Rettungstat am Kreuz. Verkündigung bedeutet, Jesus als den Christus zu bringen, den Gesalbten Gottes, der die

Aufgaben des ihm anvertrauten Amtes als Hoherpriester und König erfüllte. »Der Mensch Christus Jesus« muß verkündigt werden als »der *eine* Mittler zwischen Gott und den Menschen[1]«, der »für unsere Sünden gelitten hat ... um uns zu Gott zu führen[2]«, als der Eine, durch den, ja durch den allein Menschen dazu gebracht werden können, ihr Vertrauen auf Gott zu setzen, gemäß seinem eigenen Anspruch: »Ich bin der Weg, die Wahrheit und das Leben. Niemand kommt zum Vater, es sei denn durch mich[3].« Er muß als der Erretter verkündigt werden, der »in die Welt gekommen ist, um Sünder zu erretten[4]« und »uns dadurch vom Fluch des Gesetzes losgekauft hat, daß er selbst für uns ein Fluch wurde[5]« — »Jesus, der uns vom kommenden Zorngericht errettet hat[6].« Dazu muß er als König verkündigt werden, »denn Christus ist ja dazu gestorben und wieder lebendig geworden, damit er über Tote und Lebende Herr sei[7]«. Man kann nicht von Evangelisation reden, wenn diese spezielle Botschaft nicht dargebracht wird.

Darüber hinaus betont die obige Definition, daß Evangelisation bedeutet, diese bestimmte Botschaft mit einer bestimmten Anwendung zu verkündigen. Jesus Christus ist nicht als eine Person für objektive, kritische und vergleichende Studien zu verkündigen. Die Verkündigung soll vielmehr nach dieser Definition Jesus Christus und sein Werk in Beziehung zu der Existenz verlorener Männer und Frauen bringen, die ohne Gott als ihren himmlischen Vater leben und daher unter dem Zorn des richtenden Gottes stehen. Jesus Christus muß ihnen als die einzige Hoffnung für diese und die zukünftige Welt verkündigt werden. Sünder sollen ermutigt werden, Jesus Christus als ihren Erretter anzunehmen und zu erkennen, daß sie letzten Endes ohne ihn verloren sind. Und weiter bedeutet diese Verkündigung auch, daß die Menschen aufgefordert werden, Jesus Christus in seiner ganzen Bedeutung, d. h. sowohl als Herrn als auch als Heiland, anzunehmen und daher »ihm als ihrem König in der Gemeinschaft seiner Kirche zu dienen«, in der Gemeinschaft derer, die ihn anbeten, ihn bezeugen und für ihn in dieser Welt arbeiten. Evangelistische Verkündigung ist mit anderen Worten ein Ruf sowohl

---

[1] 1. Tim. 2, 5.
[2] 1. Petr. 3, 18.
[3] Joh. 14, 6.
[4] 1. Tim. 1, 15.
[5] Gal. 3, 13.
[6] 1. Thess. 1, 10.
[7] Röm. 14, 9.

zur Umkehr als auch zum Vertrauen; sie bringt nicht nur das göttliche Angebot, den Retter anzunehmen, sondern auch das Gebot, sich von der Sünde abzuwenden, d. h. Buße zu tun. Ohne diese ganz bestimmte Anwendung gibt es keine evangelistische Verkündigung.

Diese wesentlichen Punkte sind in der angeführten Definition gut dargelegt. In einem Grundsatz aber geht sie fehl. Sie bringt einen Folgesatz, wo ein Absichtssatz stehen sollte. Hieße der Anfang: »Evangelisieren heißt, Christus Jesus den Sündern zu verkündigen, damit sie durch die Kraft des Heiligen Geistes dazu gebracht werden...«, so wäre daran nichts falsch. Es wird aber etwas ganz anderes ausgesagt: »Evangelisieren heißt, Christus Jesus in der Kraft des Heiligen Geistes *derart* zu verkündigen, daß Menschen dazu gebracht werden...« Damit wird Verkündigung mit Hilfe einer Wirkung definiert, die sie im Leben anderer Menschen hervorruft, was auf die Aussage hinausläuft, daß das Wesentliche der Verkündigung darin liegt, Bekehrungen zu erzielen.

Wir haben jedoch schon zuvor gezeigt, daß das nicht zutreffen kann. Die Verkündigung ist Menschenwerk, den Glauben aber schenkt Gott. Es stimmt zwar, daß es das Ziel jedes Evangelisten ist, Menschen zu bekehren, und daß unsere Definition genau den sehnlichen Wunsch ausdrückt, den er in seiner Arbeit erfüllt sehen möchte. Die Frage jedoch, ob jemand auftragsgemäß verkündigt, kann nicht einfach danach entschieden werden, ob er Bekehrungen aufzuweisen hat. Es gab Missionare, die ihr Leben lang unter Moslems wirkten und keine Bekehrungen erlebten. Dürfte man daraus etwa schließen, daß sie nicht wirklich evangelisiert hätten? Es hat liberale Prediger gegeben, durch deren Wort – nicht immer im beabsichtigten Sinn verstanden – Menschen zu echter Bekehrung kamen. Können wir daraus folgern, daß diese Prediger ihrem Auftrag gerecht geworden sind? In beiden Fällen müssen wir ganz klar verneinen. Die Ergebnisse der Predigt hängen nicht von den Wünschen und Absichten des Menschen ab, sondern vom Willen des allmächtigen Gottes. Dies bedeutet nicht, daß uns die Frage, ob unser Zeugnis von Christus Frucht trägt oder nicht, gleichgültig sein sollte. Sehen wir keine Frucht, dann sollten wir das vor Gott hinlegen und uns den Grund zeigen lassen. Wir dürfen jedoch Verkündigung nicht nach den erzielten Erfolgen definieren.

Wie sollte dann aber Verkündigung definiert werden? Die neutestamentliche Antwort ist sehr einfach: Evangelisieren bedeutet die frohe Botschaft verkünden. Es ist eine Tätigkeit des Ausrufens, bei der sich Christen zum Sprachrohr für Gottes Botschaft der Barmherzigkeit an Sündern machen. Jeder, der diese Botschaft unverfälscht ausrichtet, ganz gleich unter welchen Umständen, in einer größeren oder kleineren Zusammenkunft, von der Kanzel aus oder in einem persönlichen Gespräch, der evangelisiert. Da die göttliche Botschaft gipfelt in der Bitte des Schöpfers an eine widerstrebende Menschheit, umzukehren und an Christus zu glauben, schließt auch die Überbringung dieser Botschaft mit ein, daß man den Zuhörern die Umkehr dringend nahelegt. Wenn wir nicht in diesem Sinne Bekehrungen zu erreichen suchen, dann evangelisieren wir nicht. Wir haben uns dies bereits klargemacht. Um jedoch zu beurteilen, ob jemand unverfälscht evangelisiert, haben wir nicht zu fragen, ob sich Menschen durch das Zeugnis des beauftragten Boten bekehrten, sondern ob er die Botschaft des Evangeliums in Treue weitergibt.

Wollen wir ein abgerundetes Bild davon haben, was das Neue Testament unter dieser Verkündigung versteht, brauchen wir nur die Berichte des Apostels Paulus über die Art seiner eigenen evangelistischen Tätigkeit zu lesen. Es gilt dabei drei Punkte festzuhalten:

1. *Paulus evangelisierte als ein beauftragter Bote des Herrn Jesus Christus.* Die Verkündigung des Evangeliums war ihm als Aufgabe in besonderer Weise anvertraut worden. »Christus hat mich gesandt ... das Evangelium zu verkündigen[8].« Auf Grund dieses Auftrags betrachtete er sich vor allem als ein Haushalter Christi. »So soll man uns (mich und meinen Mitprediger Apollos) ansehen«, schrieb er an die Korinther, »als Diener Christi und als Haushalter über die Geheimnisse Gottes[9].« »Ich bin mit einem Haushalteramt betraut[10].«

Paulus betrachtete sich als Leibeigener, der in eine hohe Vertrauensstellung aufgerückt war, wie sie ein Haushalter in neutestamentlicher Zeit stets bekleidete. Er ist »von Gott würdig erfunden worden, mit dem Evangelium betraut zu werden[11]«, und die ihm nun auferlegte Verantwortung besteht darin, daß er in dem ihm anvertrauten Gut treu erfunden werde, wie es einem Haushalter geziemt[12]; er hat das kostbare Gut, das ihm übergeben wurde, zu bewahren — wie er es auch später Timotheus zu tun auferlegt[13] — und es nach den

---
[8] 1. Kor. 1, 17.
[9] 1. Kor. 4, 1.
[10] 1. Kor. 9, 17.
[11] 1. Thess. 2, 4; vgl. 1. Tim. 1, 11 ff; Tit. 1, 3.
[12] Vgl. 1. Kor. 4, 2.
[13] 1. Tim. 6, 20; 2. Tim. 1, 13 ff.

Weisungen seines Herrn auszuteilen. Die Tatsache, daß er mit dieser Haushalterschaft betraut worden ist, bedeutet — so sagt er den Korinthern: »Ein Zwang liegt auf mir; denn wehe mir, wenn ich das Evangelium nicht predige[14]!« Das Bild der Haushalterschaft hebt somit die Verantwortung des Paulus in der Verkündigung hervor.

Weiterhin betrachtete sich Paulus als ein Herold Christi. Wo er sich als »eingesetzter Prediger« des Evangeliums[15] bezeichnet, gebrauchte er das Wort *kèryx*, was soviel wie Herold bedeutet, also jemand, der öffentliche Bekanntmachungen im Auftrag eines anderen ausruft. Als er sagt, »wir predigen Christus, den Gekreuzigten[16]«, gebrauchte er das Verb *kèryssó*, das die Tätigkeit eines Herolds bezeichnet, die darin besteht, daß er eine ihm aufgetragene Botschaft öffentlich bekannt macht. Wenn Paulus von »meiner Predigt« und »unserer Predigt« spricht und darlegt: »Weil die Welt durch ihre Weisheit Gott nicht erkannte, gefiel es Gott, durch die Torheit der Predigt die zu retten, die glauben[17]«, gebrauchte er das Wort *kérygma*, was nicht die Tätigkeit des Bekanntmachens, sondern die Bekanntmachung selbst, die verkündigte Botschaft, bedeutet. Paulus fühlt sich nicht als Philosoph, Sittenlehrer oder einer der Weisen dieser Welt, sondern ganz einfach als Herold Christi. Sein königlicher Herr hatte ihm eine Botschaft anvertraut, die er kundmachen sollte, und daher bestand seine ganze Tätigkeit darin, diese Botschaft sorgfältig und treu ohne Zusätze, Änderungen oder Auslassungen weiterzugeben. Er sollte der menschlichen Weisheit nicht einen weiteren glänzenden Gedanken hinzufügen, der immer wieder durch menschliche Gelehrsamkeit für die Menschen neu attraktiv gemacht werden muß, sondern er sollte eine Nachricht von Gott bringen, die im Namen Jesu verkündigt wird, seine Vollmacht besitzt und durch die Überzeugungskraft des Geistes in den Hörern beglaubigt wird. »Als ich zu euch kam«, erinnert Paulus die Korinther, »bin ich gekommen, euch das Zeugnis Gottes zu verkündigen.« Paulus will damit sagen, daß er nicht kam, seine eigenen Gedanken, sondern die Botschaft Gottes zu bringen. »Ich hatte mir vorgenommen, kein anderes Wissen bei euch zu zeigen als Jesus Christus, und zwar den gekreuzigten« — denn Gott sandte mich, um allein ihn zu bezeugen. »Und meine Rede und meine Predigt (kérygma) erfolgte nicht mit ein-

---
[14] 1. Kor. 9, 16; vgl. Apg. 20, 26 ff; 2. Kor. 5, 10 ff; Hes. 3, 16 ff; 33, 7 ff.
[15] 2. Tim. 1, 11; 1. Tim. 2, 7.
[16] 1. Kor. 1, 23.
[17] 1. Kor. 2, 4; 15, 14; 1, 21.

drucksvollen Weisheitsworten, sondern in Erweis des Geistes und der Kraft, damit euer Glaube nicht auf Menschenweisheit, sondern auf Gotteskraft beruhe.« So unterstreicht das Bild des Herolds die Glaubwürdigkeit der Botschaft des Paulus.

Drittens betrachtete sich Paulus als Gesandter Christi. Was ist ein Gesandter? Er ist der bevollmächtigte Vertreter eines Herrschers. Er spricht nicht in eigener Person, sondern im Namen des Herrn, dessen Abgeordneter er ist. Seine Aufgabe und Verantwortung liegt allein darin, daß er Wille und Absicht dieses Herrn unverfälscht denjenigen kundtut, zu denen er geschickt wurde. Paulus gebraucht dieses Beispiel zweimal im Zusammenhang mit seiner evangelistischen Tätigkeit. »Betet für mich«, so schrieb er aus dem Gefängnis, »damit mir das Wort verliehen werde, mit unerschrockenem Auftun meines Mundes, mit Freimütigkeit das Geheimnis des Evangeliums kundzutun, um deswillen ich ein Gesandter in Ketten bin, auf daß ich dabei die Freimütigkeit beweise, zu reden, wie es mir obliegt.« — »Gott«, schreibt er an anderer Stelle, »hat in uns das Wort der Versöhnung gelegt. So sind wir nun Gesandte für Christus, indem Gott durch uns ermahnt. Wir bitten für Christus: Laßt euch versöhnen mit Gott[18].« Paulus nannte sich Botschafter, weil er wußte, daß er, wenn er die Tatsachen und Verheißungen des Evangeliums predigte und die Sünder aufrief, die am Kreuz erwirkte Versöhnung zu ergreifen, die Botschaft Jesu Christi an die Welt verkündigte. An Hand dieses Beispiels vom Gesandten wird also die Vollmacht betont, die Paulus als Vertreter seines Herrn besaß.

So handelte Paulus in seiner Verkündigung bewußt als Sklave und Diener, als Sprachrohr und Herold, als Sprecher und Botschafter des Herrn Jesus Christus. Daraus erklärt sich einerseits seine beständige Unerschrockenheit und sein unerschütterliches Autoritätsbewußtsein angesichts von Spott und Gleichgültigkeit, und andererseits die unnachgiebige Weigerung, seine Botschaft zu ändern, um sie den jeweiligen Umständen anzupassen. Diese beiden Dinge hingen natürlich miteinander zusammen, denn Paulus konnte nur so lange gewiß sein, daß er mit der Vollmacht Christi sprach, als er den Grundsätzen seines Auftrags treu blieb und weder mehr noch weniger verkündigte, als ihm aufgetragen worden war[19]. Wenn er aber das Evangelium predigte, das Christus ihm anvertraut hatte, so sprach er als dessen

---

[18] Eph. 6, 19 f; 2 Kor. 5, 19 f.
[19] Vgl. Gal. 1, 8 f.

beauftragter Vertreter, dem somit Autorität und das Recht, gehört zu werden, zustand.

Der Auftrag, das Evangelium in die Welt zu bringen und Menschen zu Jüngern zu machen, beschränkte sich jedoch niemals nur auf die Apostel. Er ist auch heutzutage nicht auf die Diener der Kirche beschränkt. Dieser Auftrag gilt der gesamten Kirche und damit jedem Christen einzeln. Alle Kinder Gottes sollen es den Philippern nachtun und »wie Himmelslichter in der Welt leuchten, indem ihr das Wort des Lebens festhaltet[20].« Jeder Christ ist daher von Gott her verpflichtet, das Evangelium von Jesus Christus bekanntzumachen. Wo dies einem Mitmenschen gegenüber geschieht, handelt ein Christ als Botschafter und Vertreter Jesu Christi gemäß dem Auftrag, der ihm von Gott verliehen wurde. So sieht die Vollmacht und die Verantwortung der Kirche und des einzelnen Christen bei der Verkündigung aus.

2. Der zweite Punkt, wie Paulus seinen evangelistischen Dienst versteht, ergibt sich aus dem ersten: *Seine primäre Aufgabe in der Verkündigung lag darin, die Wahrheit über den Herrn Jesus Christus zu predigen.*

Als ein Botschafter Jesu Christi war es seine erste Pflicht, sich der Botschaft zu entledigen, die ihm sein Herr aufgetragen hatte. »Christus hat mich ausgesandt«, so erklärte er, »die Heilsbotschaft zu verkündigen[21].« Das griechische Wort hier heißt »euangelizomai« und bedeutet, das »euangelion«, wörtlich »die gute Nachricht«, zu verbreiten. Eine gute Nachricht, so verkündigte Paulus, ist in die Welt gekommen — eine gute Nachricht von Gott. Sie ist anders, als sie die Welt, Juden oder Heiden, vermutet oder erwartet hatten, aber die ganze Welt braucht sie. Diese gute Nachricht ist das »Wort Gottes« im neutestamentlichen, gebräuchlichen Sinn dieses Begriffs[22]; »die Wahrheit«, wie Paulus sie oft nennt, ist die umfassende und entscheidende Mitteilung darüber, was der Schöpfer tat und tun wird, um Sünder zu retten. Sie ist die vollständige Entfaltung der Heilsgeschichte, die Gott in seiner abtrünnigen Welt vollzieht.

Was besagte die gute Nachricht, die Paulus verkündigte? Sie berichtete von Jesus von Nazareth, von der Menschwerdung, der Sühnetat und der Königsherrschaft, von Krippe, Kreuz und Krone des

---

[20] Phil. 2, 15 f.
[21] 1. Kor. 1, 17.
[22] Vgl. Apg. 4, 31; 8, 14; 11, 1; 13, 46; 2. Kor. 2, 17; Kol. 1, 25; 1. Thess. 2, 13; 2. Tim. 2, 9.

Gottessohnes. Es war die Nachricht darüber, wie Gott »seinen Knecht Jesus verherrlichte[23]«, indem er ihn zum Christus machte, zum langersehnten »Fürsten und ... Heiland[24]« der Welt. Er verkündigte, wie Gott seinen Sohn Mensch werden ließ, ihn als Menschen zum Priester, Propheten und König machte und ihn schließlich als Priester zum Opfer für Sünden dahingab. Er predigte davon, wie Gott ihn als Propheten auch zum Gesetzgeber für sein Volk machte, wie er ihn als König gleichzeitig zum Richter über alle Welt setzte und mit Hoheitsrechten ausstattete, die im Alten Testament ausschließlich Gott besaß, nämlich zu regieren, bis alle Knie sich vor ihm beugen, und zu retten alle, die seinen Namen anrufen. Der Inhalt der guten Botschaft war, kurz gesagt, daß Gott seinen ewigen Plan von der Verherrlichung seines Sohnes durchgeführt hat, indem er ihn auferweckte von den Toten und zum großen Heiland für große Sünder erhöhte.

Zur Verkündigung dieser Botschaft war Paulus ausgesandt. Es war eine umfassende und vielseitige Botschaft, die man kennenlernen mußte, ehe man nach ihr leben konnte; die mit dem Herzen aufgenommen werden mußte, bevor sie ausgelebt werden konnte. Sie mußte also gelehrt werden. Der Prediger Paulus mußte auch zum Lehrer werden. Er hielt dies für einen Teil seiner Berufung, und er spricht von der »Heilsbotschaft, für die ich ... zum Apostel und zum Lehrer bestellt worden bin[25]«. Er sagt, daß das Unterweisen eine Grundlage seiner evangelistischen Tätigkeit ist; er spricht von »Christus ... den wir verkündigen, indem wir jedermann ... in aller Weisheit unterweisen[26]«. In beiden Textstellen ist das Unterweisen eine nähere Erläuterung dessen, was verkündigt wird. Mit anderen Worten: Durch die Unterweisung erfüllt der Prediger des Evangeliums seinen Dienst. Seine primäre Verantwortung liegt darin, die Heilsbotschaft zu lehren, sie auf ihre Grundzüge zurückzuführen, sie Punkt für Punkt klarzulegen, ihre Bedeutung durch positive und negative Erklärungen zu festigen, zu zeigen, wie jeder Teil der Botschaft mit den übrigen Aussagen verknüpft ist, und sie so lange auszulegen, bis er gewiß ist, daß seine Hörer sie erfaßt haben. Wenn Paulus daher das Evangelium verkündigte, feierlich-formvoll oder zwanglos, in der Synagoge oder auf den Straßen, Juden oder Heiden,

---
[23] Apg. 3, 13.
[24] Apg. 5, 31.
[25] 2. Tim. 1, 10 f.
[26] Kol. 1, 28.

der Menge oder einem einzelnen, dann lehrte er. Er weckte die Aufmerksamkeit, nahm das Interesse gefangen und legte die Tatsachen dar; er machte ihre Bedeutung verständlich, löste Schwierigkeiten, antwortete auf Entgegnungen und zeigte, wie lebenswichtig die Botschaft ist. Lukas beschreibt den evangelistischen Dienst des Paulus mit folgenden Worten: Er führte Streitgespräche[27], redete *(dialegomai)*[28], lehrte[29] oder suchte zu überzeugen (d. h. er suchte die Meinung seiner Hörer zu gewinnen)[30]. Paulus selbst sieht seinen Dienst unter den Heiden primär als Lehrtätigkeit an: »Mir ist dieses Gnadenamt verliehen worden, den Heiden die Heilsbotschaft von dem unergründlichen Reichtum Christi zu verkündigen und allen Aufklärung darüber zu geben, welche Bewandtnis es mit der Verwirklichung des Geheimnisses hat...[31]« Nach Ansicht des Paulus war es als Prediger des Evangeliums eindeutig seine erste und grundlegende Aufgabe, Wissen zu vermitteln und die Wahrheit der Heilsbotschaft den Menschen einzuprägen. Für ihn war das Lehren der Wahrheit die Grundlage aller evangelistischen Tätigkeit, und daher die einzig richtige Art der Verkündigung die des Unterweisens. Wobei nicht vergessen werden darf, daß die christliche Unterweisung *(Katechese)* nie ohne das Mitwirken des auferstandenen Herrn, nie ohne den Heiligen Geist gedacht werden kann. Darum ist die biblische Lehrtätigkeit und Katechese dem Wesen nach verschieden von rationalistischer Belehrung.

3. *In seiner Verkündigung zielte Paulus letztlich darauf, seine Zuhörer zum Glauben an Christus zu bekehren.*

Das Wort »bekehren« ist eine Wiedergabe des griechischen Ausdrucks *epistrephó*, was »umkehren« bedeutet und manchmal auch so übersetzt wird. Wir sehen die Bekehrung als ein Werk Gottes an; einesteils stimmt das, aber andererseits ist es auffallend, daß in den drei neutestamentlichen Textstellen, wo *epistrephó* transitiv gebraucht wird als »jemanden zu Gott bekehren«, das Subjekt des Verbs nicht Gott ist, wie man wohl erwartet hätte, sondern ein Prediger. Der Engel sagte von Johannes dem Täufer: »Viele der Kinder Israel wird er zu dem Herrn, ihrem Gott, bekehren[32].« Jakobus sagt:

---

[27] Apg. 9, 29.
[28] Apg. 17, 2.17; 18, 4; 19, 8 f; 24, 25.
[29] Apg. 18, 11; 28, 31.
[30] Apg. 18, 4; 19, 8.26; 28, 23; vgl. 26, 28.
[31] Eph. 3, 8.
[32] Luk. 1, 16.

»Meine Brüder, wenn einer von euch von der Wahrheit abirrt und jemand ihn bekehrt, der wird seine Seele vom Tode erretten...[33]« Paulus selbst erzählt dem Agrippa, was Christus ihm gesagt hatte: »Ich will dich erretten aus den Händen des Volkes Israel und der Heiden, zu denen ich dich sende. Du sollst ihnen ihre Augen öffnen, daß sie sich bekehren von der Finsternis zum Licht und von der Macht des Satans zu Gott«, und wie er der himmlischen Vision gefolgt war, indem er sowohl den Juden als auch den Heiden »gepredigt, Buße zu tun und sich zu Gott zu bekehren[34]«. Diese Textstellen schildern das Bekehren anderer Menschen als einen Dienst, der von Männern Gottes getan wurde, eine Aufgabe, die sie durchführen mußten, indem sie Menschen aufforderten, in Buße und Glauben zu Gott umzukehren.

Wenn die Schrift auf diese Weise von Bekehrung und Errettung als einer Aufgabe spricht, die von Kindern Gottes ausgeführt wird, so stellt sie damit natürlich nicht die Tatsache in Frage, daß Gott es ist, der bekehrt und errettet. Sie sagt nur aus, daß die Bekehrung und Errettung anderer Menschen das Ziel des Christen sein sollte. Der Prediger sollte alles dazu tun, seine Gemeinde zu bekehren; die Frau sollte ihren ungläubigen Mann zu retten suchen[35]. Christen sind ausgesandt, Menschen zur Umkehr zu bringen, und sie sollten daher als Vertreter Christi in dieser Welt auf kein geringeres Ziel hinarbeiten. Die Verkündigung besteht daher nicht nur im Lehren, Unterweisen und Weitergeben von Kenntnissen, sondern schließt darüber hinaus das Bemühen ein, eine Antwort auf die dargelegte Wahrheit auszulösen. Sie ist Unterweisung mit dem Ziel der Bekehrung; sie erschöpft sich nicht in der Information, sondern enthält auch eine Einladung. Sie ist ein Versuch, unsere Mitmenschen für Christus zu gewinnen[36]. Unser Herr selbst veranschaulicht diese Arbeit am Bild eines Fischers[37].

Auch hier nehmen wir uns Paulus zum Vorbild. Wie wir gesehen haben, wußte er sich von Christus ausgesandt, nicht nur durch das Lehren des Evangeliums den Menschen die Herzen zu öffnen — obschon dies allem anderen vorausgehen muß —, sondern sie durch mahnendes Rufen und Übertragen der göttlichen Wahrheit auf ihr

---
[33] Jak. 5, 19 f.
[34] Apg. 26, 18.20.
[35] 1. Kor. 7, 16.
[36] Siehe 1. Kor. 9, 19 f; 1. Petr. 3, 1; Luk. 5, 10.
[37] Matth. 4, 19; vgl. 13, 47.

Leben zu Gott zu bekehren. Er bekannte offen, daß es daher sein Ziel sei, nicht nur die göttliche Botschaft zu verbreiten, sondern Sünder zu retten: »... um auf jeden Fall einige zu erretten[38].« So enthielt seine evangelistische Verkündigung sowohl Unterweisung — »Gott war in Christus und hat die Welt mit sich versöhnt« — als auch dringendes Bitten — »Wir bitten für Christus: Laßt euch mit Gott versöhnen[39]«. Seine Verantwortung erstreckte sich nicht nur auf die Heilsbotschaft, die er predigen und bewahren sollte, sondern auch auf die notleidenden Menschen, zu denen er gesandt war und die ohne das Evangelium verloren wären[40]. Als ein Apostel Jesu Christi war er mehr als ein Prediger der Wahrheit: Er war ein Seelenhirte, der in die Welt hinausgeschickt wurde, nicht um Sünder zurechtzuweisen, sondern um sie zu lieben. Er war in erster Linie Christ und erst an zweiter Stelle ein Apostel, und als Christ war er ein Mensch, der dazu aufgerufen war, seinen Nächsten zu lieben. Das bedeutete einfach, daß es in jeder Lage und mit allen ihm zur Verfügung stehenden Mitteln seine Aufgabe war, das Beste der Menschen zu suchen. Er sah seinen apostolischen Auftrag zur Verkündigung und zur Gründung von Gemeinden so an, daß dies der spezielle Weg war, auf den ihn Christus zur Erfüllung des Gesetzes der Nächstenliebe gerufen hatte. Er durfte die Botschaft daher nicht streng und unbarmherzig bringen, indem er sie seinen Mitmenschen hinwarf nach dem Motto »Friß Vogel, oder stirb«, und dabei seine Lieblosigkeit mit der Treue zur Wahrheit rechtfertigen. Damit hätte er sich einem Mangel an Liebe schuldig gemacht. Es war vielmehr seine Aufgabe, die Wahrheit im Geist der Liebe zu bringen, die ein Ausdruck und Mittel seines Wunsches sein mußte, seine Zuhörer zu erretten. Die Haltung, die die gesamte Verkündigung des Paulus erfüllte, liegt in den Worten: »Ich suche nicht euer Hab und Gut, sondern euch selbst ... Ich aber will herzlich gern Geld und Gut zum Opfer bringen, ja mich selbst völlig aufopfern lassen, wenn es sich um euer Heil handelt[41].«

Unsere Verkündigungsarbeit muß in dem gleichen Geist geschehen. Wie es die Liebe zu unserem Nächsten fordert, daß wir ihm die Heilsbotschaft sagen, so ist der Missionsbefehl eine spezielle Anwen-

---

[38] 1. Kor. 9, 22; vgl. Röm. 11, 14.
[39] 2. Kor. 5, 19 f.
[40] Vgl. Röm. 1, 13 f.
[41] 2. Kor. 12, 14 f.

dung des Gebotes, die Mitmenschen um Christi willen zu lieben, und er muß als solcher erfüllt werden.

Die Liebe machte die Verkündigung des Paulus warmherzig und liebevoll werbend. »Wir sind unter euch liebevoll aufgetreten«, so erinnert er die Thessalonicher, »so fühlten wir uns in Liebe zu euch hingezogen und hegten den Wunsch, euch nicht nur die Heilsbotschaft Gottes, sondern auch unser eigenes Leben darzubringen, denn ihr waret uns lieb geworden[42].« Die Liebe machte Paulus auch rücksichtsvoll und anpassungsfähig in seiner Verkündigung, obgleich er es entschieden ablehnte, seine Botschaft zu ändern, um Menschen zu gefallen[43]. »Obwohl ich von allen Menschen unabhängig bin«, schrieb er an die Korinther, »habe ich mich doch allen zum Knecht gemacht, um recht viele von ihnen zu gewinnen. So bin ich denn für die Juden zu einem Juden geworden, um Juden zu gewinnen; für Anhänger des Gesetzes zu einem Mann des Gesetzes..., um die Gesetzesleute zu gewinnen; für die, die das Gesetz nicht haben, zu einem Manne, der ohne das Gesetz lebt..., um die, welche das Gesetz nicht haben, zu gewinnen. Für die Schwachen bin ich ein Schwacher geworden, um die Schwachen zu gewinnen; kurz: für alle bin ich alles geworden, um auf jeden Fall einige zu erretten[44].« Paulus trachtete danach, Menschen zu retten, und daher gab er sich nicht zufrieden, ihnen die Wahrheit nur hinzuwerfen, sondern er gab sich selbst hin, um sich selbst ihnen anzupassen, ihre Gedankengänge mitzumachen, mit ihnen so zu sprechen, wie sie es verstehen konnten, und insbesondere, um alles zu vermeiden, was bei ihnen ein Vorurteil gegen das Evangelium hervorrufen und damit Hindernisse in ihren Weg legen konnte. Bei allem Eifer, die Wahrheit aufrechtzuerhalten, verlor er doch nie den Blick für die Nöte und Bedürfnisse der Menschen. In seiner ganzen vielfältigen Verkündigung, ja selbst in der heißen Polemik, die durch gegenteilige Meinungen hervorgerufen wurde, hatte er kein geringeres Ziel, als Menschen zu retten, indem er diejenigen, die er als seine Nächsten sah, zum Glauben an den Herrn Jesus Christus bekehrte.

So sah die Verkündigung bei Paulus aus: Er ging hinaus in Liebe als ein Vertreter Jesu Christi in dieser Welt, um Sündern die Wahrheit des Evangeliums zu bringen mit dem Ziel, sie zur Umkehr zu bewegen und zu retten. Wenn auch wir uns in diesem Geist und mit

---
[42] 1. Thess. 2, 7 f.
[43] Vgl. Gal. 1, 10; 2. Kor. 2, 17; 1. Thess. 2, 4.
[44] 1. Kor. 9, 19 ff; vgl. 10, 33.

diesem Ziel in diese Arbeit stellen, dann evangelisieren wir, ganz gleich, welcher besonderen Mittel wir uns jeweils bedienen.

Wir haben bereits festgestellt, wie unser Denken irregeführt würde, wenn wir evangelistische Verkündigung zu weit faßten und annähmen, wir seien selbst dafür verantwortlich, daß Bekehrungen erzielt werden. Wir wollen nun zeigen, daß es auch den entgegengesetzten Irrtum gibt, nämlich den, daß wir zu eng definieren. Das wäre z. B. der Fall, wenn wir evangelistische Verkündigung institutionell nur in einer bestimmten Ausprägung sehen, also etwa als eine bestimmte Art ungezwungener Evangelisationsversammlung, in der Zeugnisse abgelegt, Chorlieder gesungen werden und zum Schluß der Aufruf ergeht, seine Entscheidung für Christus durch ein äußeres Zeichen wie Handaufheben, Aufstehen oder Nachvornkommen zu erkennen zu geben. Wenn wir die evangelistische Verantwortung der Kirche mit dem Abhalten solcher Versammlungen, oder die des Christen mit dem Einladen zu diesen Versammlungen, gleichsetzten, würden wir uns sehr irren, wie die folgenden Überlegungen zeigen werden:

1. Es gibt neben der Möglichkeit, Unbekehrte zu solchen Versammlungen zu bringen, noch viele andere Mittel und Wege, sie mit dem Evangelium zu konfrontieren, um sie für Christus zu gewinnen. Wir haben da zunächst das Weitersagen der Botschaft von Mensch zu Mensch, wodurch z. B. Andreas den Petrus, Philippus den Nathanael und Paulus den Onesimus gewannen[45]. Dann gibt es den Hauskreis, das Bibelstudium in kleinen Gruppen und vor allem die regelmäßigen sonntäglichen Gottesdienste in den örtlichen Gemeinden. Sofern die Predigt in unseren Gottesdiensten schriftgemäß ist, werden diese Gottesdienste zwangsläufig evangelistisch sein. Es wird oft irrtümlicherweise angenommen, daß evangelistische Predigten zu einer besonderen Sorte von Predigt mit eigentümlicher Prägung und Konvention gehören. Dabei handelt es sich lediglich um schriftgemäße Predigten, wie sie einfach nicht anders gehalten werden können, wenn der Prediger die Bibel biblisch auslegt. Wahre Predigten wollen nur das auslegen und anbringen, was in der Bibel steht, und diese enthält eben den gesamten Ratschlag Gottes zur Errettung der Menschen. Die ganze Schrift zeugt in irgendeiner Form von Christus, und so bezieht sich jedes biblische Thema auf ihn. Daher wird auch jede echte Predigt notwendigerweise Christus verkündigen und somit

---

[45] Joh. 1, 40 ff. 43 ff; Phem. 10–36.

mehr oder weniger unmittelbar evangelistisch sein. Natürlich werden einige Predigten konzentrierter und ausschließlicher als andere auf die Bekehrung von Sündern hinzielen. Man kann aber den Herrn Jesus Christus nicht verkündigen, wie ihn die Bibel bringt, nämlich als Gottes Antwort auf die Frage nach dem Verhältnis des Sünders zu ihm, ohne dabei nicht auch stets evangelistisch zu sein.

Wenn man in unseren Kirchen »Evangelisationsversammlungen« und »evangelistische« Predigten für besondere Anlässe hält, die vom gewöhnlichen Gang der Dinge abweichen, so ist das eine erdrückende Anklage für unsere durchschnittlichen Gottesdienste. Wenn wir also der Meinung sind, daß die wesentliche Verkündigungsarbeit im Abhalten von Versammlungen der genannten Art sozusagen außerhalb des üblichen Kirchenprogramms besteht, wäre dies nur ein Beweis dafür, daß wir noch nicht verstanden haben, wozu unsere regelmäßigen Gottesdienste eigentlich da sind.

2. Stellen wir uns eine örtliche Kirchengemeinde oder eine Gemeinschaft von Christen vor, die mit ganzem Herzen Evangelisationsarbeit auf die obenerwähnte Weise tut, also durch persönliches Zeugnis, Hausbibelkreise und Predigt des Evangeliums in den üblichen Gottesdiensten, die aber nie die Gelegenheit hatte, eine Evangelisationsversammlung der angeführten besonderen Art abzuhalten oder sich an ihr zu beteiligen. Wenn wir den Auftrag des Christen zur Verkündigung mit der Durchführung und Unterstützung solcher Versammlungen gleichsetzten, dann müßte man folgern, daß diese Gemeinde oder Gemeinschaft überhaupt nicht evangelisierte, da sie dort nicht anzutreffen war. Es wäre wirklich etwas sonderbar, wollte man Menschen nachsagen, daß sie nicht evangelisieren, nur weil sie nicht an solchen Versammlungen teilnehmen, von denen im Neuen Testament keine Spur zu finden ist. Hat man dann in neutestamentlichen Zeiten nicht evangelisiert?

3. Drittens muß gesagt werden, daß eine Versammlung oder ein Gottesdienst noch nicht deswegen evangelistisch zu sein braucht, nur weil Zeugnisse, Chorlieder und ein Aufruf zur Entscheidung darin vorkommen, gleichwie man auch nicht unbedingt ein Engländer zu sein braucht, wenn man gestreifte Hosen und einen steifen Hut trägt. Will man feststellen, ob ein bestimmter Gottesdienst evangelistisch war, sollte man nicht fragen, ob ein Aufruf zur Entscheidung erging, sondern welche Botschaft dort verkündigt wurde. Wenn man erfährt, daß die Heilsbotschaft unzureichend gebracht wurde und die Gemeinde daher den Ruf nicht klar erfaßte, dann müßte man sehr dar-

an zweifeln, ob diese Versammlung evangelistisch genannt werden kann.

Dies alles soll nicht aus polemischen Gründen, sondern lediglich im Interesse des klaren Verständnisses gesagt sein. Es besteht nicht die Absicht, Evangelisationsversammlungen und -feldzüge als solche herabzusetzen oder zu behaupten, daß für diese besondere Arbeit kein Platz sei, denn das wäre angesichts des immer mehr um sich greifenden Heidentums bei den heutigen Menschen geradezu unsinnig. Wir wollen nur festhalten, daß auch andere Formen evangelistischer Tätigkeit ihre Berechtigung und unter bestimmten Umständen sogar den Vorrang haben. Da Gott viele dieser evangelistischen Versammlungen in der Vergangenheit benützte, scheint auf den ersten Blick der Gedanke einigermaßen plausibel, daß sie die normale, selbstverständliche und sogar einzige Art der Verkündigung für Gegenwart und Zukunft darstellen. Das trifft aber nicht zu. Mission kann auch ohne solche speziellen Evangelisationsversammlungen geschehen, sie sind in keiner Weise unentbehrlich für die Ausübung des missionarischen Auftrages. Wo und wie auch immer das Evangelium mit dem Ziel der Bekehrung weitergesagt wird, da ist Verkündigung. Verkündigung ist nicht institutionell durch die Art der Zusammenkunft, sondern theologisch im Hinblick auf Lehre und Absicht zu definieren.

Über die Grundsätze, die uns bei der Bewertung der verschiedenen Evangelisationsmethoden leiten sollten, sowie über die Frage, was der Missionsauftrag für uns wirklich in sich schließt, soll an anderer Stelle gesprochen werden.

b) Inhalt der Heilsbotschaft

Wie sieht die evangelistische Botschaft aus?

Diese Frage wollen wir nur summarisch behandeln. Die evangelistische Botschaft ist, kurz gesagt, das Evangelium von Christus, dem Gekreuzigten, die Botschaft von der Sünde des Menschen und der Gnade Gottes, von der Schuld des Menschen und der göttlichen Vergebung, von der Wiedergeburt und dem neuen Leben als Geschenk des Heiligen Geistes. Es ist eine Botschaft, die sich in vier wesentlichen Punkten zusammenfassen läßt.

1. *Das Evangelium ist eine Botschaft von Gott*, die uns sagt, wer er ist, wie er ist, welches seine Maßstäbe sind und was er von uns als seinen Geschöpfen fordert. Sie sagt uns ferner, daß wir unsere bloße

Existenz ihm verdanken, daß wir auf Gedeih und Verderb immer in seiner Hand und unter seinen Augen sind, daß er uns schuf, damit wir ihn anbeten und ihm dienen, sein Lob verkündigen und zu seiner Ehre leben. Diese Wahrheiten sind das Fundament theistischer Religion. Solange man diese nicht erfaßt hat, erscheint die übrige Evangeliumsbotschaft weder überzeugend noch wichtig. Mit dieser Einsicht von des Menschen völliger und ständiger Abhängigkeit gegenüber seinem Schöpfer beginnt die Geschichte des Christen.

Auch darin können wir von Paulus lernen. Als er, wie z. B. in Antiochien (Pisidien)[1] zu den Juden predigte, brauchte er nicht weiter auszuführen, daß die Menschen Gottes Geschöpfe sind. Er konnte diese Erkenntnis voraussetzen, denn seine Zuhörer standen auf dem Glaubensboden des Alten Testaments. Er konnte daher sofort damit beginnen, Christus als die Erfüllung der alttestamentlichen Hoffnung zu verkündigen. Als Paulus dagegen zu den Heiden predigte, die das Alte Testament nicht kannten, mußte er weiter ausholen und auf die Anfänge zurückgehen. Sein Ausgangspunkt in solchen Fällen war die Lehre von Gott als dem Schöpfer und dem Menschen als dem Geschöpf. Als ihn zum Beispiel die Athener baten, ihnen zu erklären, was es mit seiner Rede über Jesus und die Auferstehung auf sich habe, sprach er zu ihnen zunächst über Gott den Schöpfer und wozu dieser den Menschen erschaffen habe. »Gott ... hat die Welt erschaffen ..., er hat allen Wesen Leben und Odem und alles, was sie nur haben, verliehen. Er hat die verschiedenen Völker entstehen lassen ... daß sie Gott suchen sollten[2].« Dies war nicht — wie manche annahmen — ein Stück philosophischer Apologetik, wie sie Paulus später zurückwies, sondern die erste und grundlegende Lektion über den theistischen Glauben. Das Evangelium beginnt mit der Lehre, daß wir als Geschöpfe vollständig abhängig von Gott sind und daß er als Schöpfer einen absoluten Anspruch auf uns hat. Erst daraus wird klar, was Sünde ist; und erst wenn wir erkannt haben, was Sünde ist, können wir die frohe Botschaft von der Sündenerlösung begreifen. Zunächst müssen wir wissen, was es bedeutet, Gott unseren Schöpfer zu nennen, dann erst können wir erfassen, was es heißt, von ihm als dem Erlöser zu sprechen. Alles Reden über Sünde und Errettung erreicht nichts, wenn nicht diese einleitenden Wahrheiten bis zu einem gewissen Grade erfaßt worden sind.

---

[1] Apg. 13, 16 ff.
[2] Apg. 17, 24 ff.

2. *Das Evangelium ist eine Botschaft über die Sünde.* Sie sagt uns, wie wir hinter dem Maßstab Gottes zurückgeblieben sind, wie wir in der Sünde schuldig, verdorben und hilflos wurden und nun unter dem Zorn Gottes stehen. Sie sagt uns, daß der Grund für unser ständiges Sündigen darin liegt, daß wir von Natur aus Sünder sind und daß nichts, was wir aus eigener Kraft tun oder zu tun versuchen, uns wieder in Ordnung bringt oder das Wohlwollen Gottes wieder auf uns lenkt. Sie zeigt uns, wie Gott uns sieht, und lehrt uns, so von uns zu denken, wie Gott uns einschätzt. So führt sie uns zur Verzweiflung über uns selbst und damit zu einem auch not-wendigen Schritt. Erst wenn wir die Notwendigkeit für uns erkannt haben, mit Gott in Ordnung zu kommen, und gleichzeitig unsere Unfähigkeit, dies durch irgendeine eigene Anstrengung zu erreichen, können wir den Christus wirklich erkennen, der von Sünden errettet.

Es besteht hier aber eine Gefahr: Im Leben eines jeden Menschen finden sich Dinge, über die er Unzufriedenheit und Scham empfindet. Jeder hat ein schlechtes Gewissen hinsichtlich bestimmter Sachen in seiner Vergangenheit, bei denen er dem Maßstab, den er sich selbst setzte, nicht genügte oder die Erwartungen anderer enttäuschte. Es liegt nun die Gefahr nahe, daß wir uns in unserer Verkündigung damit zufrieden geben, die Erinnerung an diese Dinge wachzurufen und bei den Menschen ein Gefühl des Unbehagens über sich selbst zu erzeugen, um dann Christus als den Einen darzustellen, der von diesen Mächten in uns befreien kann, ohne daß wir die Frage unserer Beziehung zu Gott überhaupt aufwerfen. Aber gerade darüber müssen wir sprechen, wenn wir die Sünde behandeln, denn Sünde nach der Bibel bedeutet einen Verstoß gegen Gott, der die Beziehung des Menschen zu Gott zerbricht. Solange wir unsere Fehler nicht im Licht des Gebotes und der Heiligkeit Gottes sehen, erkennen wir sie überhaupt nicht als wirkliche Sünde. Sünde ist kein soziologischer, psychologischer oder moralischer, sondern ein theologischer Begriff. Obgleich Sünde von Menschen begangen wird und viele Sünden gegen die Ordnung der menschlichen Gesellschaft verstoßen, kann Sünde weder mit Begriffen des Menschen noch der menschlichen Gesellschaft definiert werden. Erst wenn wir gelernt haben, Sünde mit den Augen Gottes zu sehen und sie nicht mit menschlichen Maßstäben, sondern mit dem Maß seines totalen Anspruchs auf unser Leben zu messen, haben wir erfaßt, was Sünde wirklich ist.

Wir müssen uns also klarmachen, daß das schlechte Gewissen des natürlichen Menschen keinesfalls mit Sündenerkenntnis gleichzusetzen ist. Man kann daher nicht folgern, daß jemand von seiner Sünde überführt ist, wenn er über seine Schwächen und falschen Handlungen betrübt ist. Sündenerkenntnis besteht nicht darin, daß wir uns unserer selbst, unserer Fehltritte und unserer Unzulänglichkeit, die Anforderungen des Lebens zu erfüllen, schämen. Es wäre auch kein rettender Glaube, wenn jemand in solcher Verfassung den Herrn Jesus Christus anriefe, damit er ihn beruhige, aufmuntere und mit neuer Zuversicht erfülle. Wir predigen auch nicht das Evangelium — obwohl wir meinen es zu tun —, wenn wir Christus lediglich den menschlichen Wünschen entsprechend bringen, wie etwa: Sind Sie glücklich? Sind Sie zufrieden? Möchten Sie Frieden der Seele? Fühlen Sie, daß Sie versagt haben? Empfinden Sie Abscheu vor sich selbst? Möchten Sie einen Freund besitzen? Dann kommen Sie zu Jesus, er wird alle Ihre Wünsche erfüllen..., als ob Jesus Christus ein Märchenzauberer oder ein Super-Psychiater wäre! Wir müssen mehr in die Tiefe gehen. Über Sünde predigen heißt nicht, aus der erkannten Schwachheit der Menschen Kapital zu schlagen wie bei der Gehirnwäsche, sondern den Maßstab der heiligen Gebote Gottes an ihr Leben zu legen. Seiner Sünden sich bewußt werden heißt nicht, sich als Schwächling unter Schwachen zu fühlen, sondern zu erkennen, daß man sich gegen Gott vergangen hat, seine Autorität verachtet, sich ihm widersetzt, gegen ihn gearbeitet hat und mit ihm in Feindschaft lebt. Christus zu verkündigen heißt, ihn als den Einen darzustellen, der durch seinen Kreuzestod die Menschen mit Gott wieder versöhnt. An Christus glauben heißt, sich einzig auf ihn zu verlassen und darauf, daß er uns in Gottes Gemeinschaft und Gunst zurückbringt.

Es ist wirklich wahr, daß der wahre Christus, der Christus der Bibel, der sich uns anbietet als Sünderheiland und Fürsprecher bei Gott, allen, die ihm vertrauen, Frieden, Freude, innere Kraft und das Vorrecht schenkt, sein Freund zu sein. Der Christus jedoch, der nur hingestellt und ersehnt wird als jemand, der die zahlreichen Schicksalsschläge leichter erträglich macht durch Hilfe und Tröstungen, ist nicht der wahre Christus, sondern ein entstellter und mißverstandener Christus, ein Christus, der nur in der Einbildung existiert. Und wenn wir so den Blick der Menschen auf einen imaginären Christus richten, dann können wir nicht erwarten, daß sie wirkliche Rettung erfahren. Wir müssen uns deshalb davor in acht nehmen, ein natürliches schlechtes Gewissen und das Gefühl der Erbärmlichkeit mit geistlicher Sündenerkenntnis gleichzusetzen und damit in unserer Verkündigung zu versäumen, den Sündern die Grundwahrheit über ihren Zustand einzuprägen, nämlich, daß ihre Sünde sie Gott entfremdet und sie seiner Verdammung, Feindschaft und seinem Zorn ausgesetzt hat, so daß sie vor allem eine wiederhergestellte Beziehung zu ihm benötigen.

Man könnte nun fragen: worin zeigt sich wirkliche Sündenerkenntnis im Unterschied zu dem bloßen Kummer über ein natürliches schlechtes Gewissen oder zu einem bloßen Lebensüberdruß, der jeden Menschen überkommt, wenn er von Illusionen befreit wird? Es gibt offenbar drei Anzeichen.

a) Sündenerkenntnis ist im wesentlichen die Erkenntnis eines falschen Verhältnisses zu Gott, nicht bloß in bezug auf den Nachbarn, das eigene Gewissen oder persönliche Gedanken, sondern auf den Schöpfer, in dessen Hand mein Leben liegt und von dem ich jeden Augenblick meines Daseins abhängig bin. Es genügt nicht, Sündenerkenntnis schlechterdings als ein Bewußtwerden der bloßen Bedürftigkeit zu definieren: es handelt sich nicht um irgendeine, sondern um eine ganz bestimmte Notdurft, nämlich die Notdurft, die Gemeinschaft mit Gott wiederherzustellen. Es ist die Erkenntnis, daß man zum gegenwärtigen Zeitpunkt in einer Beziehung zu Gott steht, die jetzt und künftig nur Verwerfung, Strafe, Zorn und Schmerz zur Folge hat, die Erkenntnis, daß dieses Verhältnis auf die Dauer untragbar ist, und daher der Wunsch nach Änderung, koste es was es wolle. Die Sündenerkenntnis kann sich konzentrieren auf das Gefühl der Schuld vor Gott, auf die Unreinheit vor ihm, auf die Auflehnung gegen ihn oder auf die Entfremdung von ihm; immer aber ist man sich der Notwendigkeit bewußt, nicht nur mit sich selbst oder den Mitmenschen, sondern mit Gott in Ordnung kommen zu müssen.

b) Sündenerkenntnis schließt immer ein Bewußtwerden einzelner Sünden ein, ein Schuldgefühl für unrechte Handlungen vor Gott, von denen man frei werden muß, wenn man jemals mit Gott ins reine kommen will. So wurde Jesaja besonders von Sünden des Redens[3] und Zachäus von der Sünde des Wuchers überführt[4].

c) Sündenerkenntnis umfaßt immer ein Bewußtwerden der Sündhaftigkeit, ein Gefühl der vollständigen Verderbtheit und Verkehrtheit vor Gott, und die daraus sich ergebende Notwendigkeit eines »neuen Herzens«, wie Hesekiel[5] es nennt, und einer »Wiedergeburt«,

---

[3] Jes. 6, 5.
[4] Luk. 19, 8.
[5] Hes. 36, 26.

wie unser Herr es bezeichnet[6], d. h. einer inneren Neuwerdung. So bekennt der Schreiber des 51. Psalms — nach der Überlieferung ist es David, dem seine Sünde mit Bathseba bewußt wurde — nicht nur bestimmte Übertretungen (V. 1—4), sondern überdies die Verderbtheit seiner Natur (V. 5—6) und erbittet die Reinigung von der dadurch entstandenen Schuld und Befleckung (V. 7—10). Der einfachste Weg zu erfahren, ob jemand Sündenerkenntnis hat oder nicht, ist vielleicht der, daß man den 51. Psalm mit ihm durchgeht, um festzustellen, ob sein Herz eine ähnliche Sprache wie die des Psalmisten spricht.

3. *Das Evangelium ist eine Botschaft von Christus,* dem fleischgewordenen Sohn Gottes, dem Lamm Gottes, das für die Sünde stirbt, von Christus, dem erhöhten Herrn und vollkommenen Erlöser.

In bezug auf die Verkündigung dieses Teils der Botschaft gilt es zwei Punkte festzuhalten:

a) Die Person Jesu Christi darf nicht als von seiner Rettungstat getrennt verkündigt werden.

Es wird manchmal gesagt, daß nicht so sehr die Lehren über Christus die Sünder unter sein Kreuz bringen als vielmehr die Verkündigung der Person Christi selbst. Zweifellos ist es der lebendige Christus, der errettet, und keine noch so richtige Theorie über die Versöhnung bietet dafür einen Ersatz. Sooft jedoch dieser Einwand vorgebracht wird, behauptet man auch, daß lehrmäßige Unterweisung bei der evangelistischen Verkündigung überflüssig sei und daß der Evangelist nur ein lebendiges Bild von dem Mann aus Galiläa, der umherging und Gutes tat, zeichnen und dann seinen Zuhörern versichern müsse, daß dieser Jesus auch heute lebt und ihnen in ihren Nöten hilft. Eine solche Botschaft aber kann man schwerlich als Evangelium bezeichnen. Es wäre eigentlich nur eine Vernebelung, die alles geheimnisvoll macht. Wer war dieser Jesus? Welches ist seine Stellung heute? Gewiß sollen wir so fragen. Es steht aber fest, daß die historische Gestalt Jesu keine Bedeutung für uns hat, solange wir nichts von der Menschwerdung wissen, davon, daß dieser Jesus wirklich der Sohn Gottes war, der ein Mensch wurde, um nach dem ewigen Plan seines Vaters Sünder zu erretten. Wir können auch sein Leben nicht richtig einschätzen, solange wir nichts über die Versöhnung wissen und darüber, daß er als Mensch lebte, um als Mensch für Menschen sterben zu können, und daß sein Leiden, der Justiz-

---
[6] Joh. 3, 3 ff.

mord an ihm, in Wahrheit seine Rettungstat war, mit der er die Sünden der Welt trug. Ebenso können wir erst dann wissen, unter welchen Bedingungen wir uns ihm heute nähern sollen, wenn wir von der Auferstehung, der Himmelfahrt und der Erhöhung zur Rechten Gottes gehört haben, also davon, daß Jesus über alles zum König eingesetzt wurde, daß er lebt, um bis zum Äußersten alle zu erretten, die seine Herrschaft anerkennen. Diese Lehren, um nur einige zu nennen, sind ein wesentlicher Bestandteil des Evangeliums. Ohne sie gibt es kein Evangelium, sondern nur eine rätselvolle Geschichte von einem Mann namens Jesus. Die Lehren über Christus seiner Person entgegenzustellen, bedeutet daher, zwei Dinge zu trennen, die Gott zusammengefügt hat. Das ist wirklich sehr widersinnig, denn das Aufzeigen dieser Lehren in der Verkündigung dient doch nur dem Zweck, die Person des Herrn Jesus Christus zu erhellen und unsern Zuhörern ein klares Bild von demjenigen zu geben, mit dem wir sie zusammenbringen möchten. Wenn wir im gesellschaftlichen Leben Menschen wissen lassen möchten, mit wem wir sie bekanntmachen, dann erzählen wir ihnen etwas von dem Betreffenden, von dem, was er getan hat usw.; so ist es auch hier. Die Apostel selbst predigten diese Lehren, um Christus selbst zu verkündigen, wie das Neue Testament uns zeigt. Ohne diese Lehren gäbe es ja überhaupt kein Evangelium zu verkündigen.

b) In Ergänzung dazu besteht ein zweiter Punkt: Die Rettungstat Christi darf nicht als von seiner Person getrennt verkündigt werden. Dieser Fehler ist zuweilen von Evangelisten und einzelnen Mitarbeitern am Evangelium gemacht worden. In ihrem Bestreben, die ganze Aufmerksamkeit auf den Versöhnungstod Christi als dem alleinigen Grund zu lenken, auf dem Sünder bei Gott angenommen werden können, haben sie die Einladung zum errettenden Glauben etwa so ausgedrückt: »Glaubt daran, daß Christus für eure Sünden gestorben ist!« Diese Darlegung zeigt die Rettungstat Christi in der Vergangenheit als den ungeteilten Gegenstand unseres Vertrauens, losgelöst von seiner Person in der Gegenwart. Es ist jedoch nicht biblisch, das Werk von dem zu trennen, der es vollbracht hat. Nirgendwo im Neuen Testament ist die Aufforderung zu glauben in dieser Weise ausgedrückt, sondern es heißt: Glauben an *(en)*, in *(eis)* oder auf *(epi)* Christus selbst – d. h. wir sollen unser Vertrauen auf den lebendigen Erlöser setzen, der für unsere Sünden starb. Daher ist, streng genommen, nicht die Sühnetat der Inhalt des errettenden Glaubens, sondern der Herr Jesus Christus, der die Versöhnung vollbrachte.

Bei der Verkündigung des Evangeliums dürfen wir das Kreuz und
seine Gnadengaben nicht von dem Christus isolieren, welcher dieses
Kreuz trug, denn wem die Versöhnung durch Christi Tod zuteil
wurde, der setzt sein Vertrauen auf die Person Jesu und glaubt nicht
einfach nur an seinen Rettungstod, sondern an ihn, den lebendigen
Erlöser. »Glaube an den Herrn Jesus, so wirst du und dein Haus
gerettet werden[7]«, sagte Paulus. »Kommet her zu mir..., so will
ich euch Ruhe geben[8]«, sagte unser Herr.

Da dies nun feststeht, wird auch die folgende Tatsache unmittelbar deutlich: Die Frage nach dem Ausmaß der Versöhnung, die in
manchen Kreisen viel erörtert wird, steht in keinem Zusammenhang
mit dem Inhalt der evangelistischen Botschaft an diesem speziellen
Punkt. Ich will diese Frage hier nicht besprechen. Ich will jetzt auch
nicht fragen, ob wir es für richtig halten zu sagen, daß Christus
starb, um jeden einzelnen Menschen, gestern, heute und morgen, zu
erretten oder nicht. Desgleichen will ich an dieser Stelle nicht dazu
aufrufen, uns zu dieser Frage zu entscheiden, falls wir es noch nicht
getan haben. Ich möchte hier nur anführen, daß, selbst wenn wir die
obige Behauptung für richtig halten, wir Christus in unserer Verkündigung genau gleich darstellen sollten wie jemand, der nicht
dieser Meinung ist.

Ich meine damit folgendes: Es leuchtet ein, daß, wenn ein Prediger
der Ansicht ist, die vor jeder beliebigen Gemeinde aufgestellte Behauptung »Christus starb für einen jeden von euch« sei nicht überprüfbar und vermutlich unwahr, er sich davor hüten wird, sie in
seiner Verkündigung zu bringen. Es finden sich solche Aussagen z. B.
nicht in den Predigten von George Whitefield oder Charles Spurgeon.
Worauf ich aber hinaus will, ist, daß selbst für jemanden, der diese
Aussage für richtig hält, überhaupt keine Notwendigkeit oder kein
Anlaß besteht, sie in seiner Verkündigung des Evangeliums darzulegen. Denn Evangelisation, wie wir eben gesehen haben, bedeutet,
Sünder einzuladen, zu Jesus Christus zu kommen, dem lebendigen
Heiland, der auf Grund seines Sühnetodes allen Vergebung und Rettung schenken kann, die ihr Vertrauen auf ihn setzen. Was in der
Verkündigung der Heilsbotschaft über das Kreuz gesagt werden muß,
ist die schlichte Tatsache, daß der Tod Christi der Grund ist, auf dem
die Vergebung Christi geschenkt wird. Das ist alles. Die Frage des

---
[7] Apg. 16, 31.
[8] Matth. 11, 28.

vorherbestimmten Ausmaßes der Versöhnung hat damit nichts zu tun.

Tatsache ist, daß das Neue Testament niemals einen Menschen aufruft, auf Grund dessen Buße zu tun, daß Christus eigens für ihn gestorben ist. Der Grund, auf dem das Neue Testament die Sünder zum Glauben an Christus auffordert, ist einfach der, daß sie ihn brauchen, daß er sich ihnen anbietet und daß denen, die ihn ergreifen, alle Vorrechte verheißen sind, die sein Tod ihnen erworben hat. Umfassend und allgemein ist im Neuen Testament die Einladung zum Glauben und die Verheißung der Errettung für alle, die glauben[9].

Unsere Aufgabe in der Verkündigung ist es, die neutestamentlichen Akzente so getreu wie möglich wiederzugeben. Es ist immer falsch, über das Neue Testament hinaus zu gehen, seine Aussagen zu verdrehen oder seine Akzente zu verlagern. Das Evangelium heißt nicht, »glaube, daß Christus für jedermanns Sünden und daher auch für deine starb«, und auch nicht »glaube, daß Christus nur für die Sünden bestimmter Menschen und daher vielleicht nicht für deine Sünden starb«, sondern: »glaube an den Herrn Jesus Christus, der für die Sünden starb und sich dir jetzt als dein Heiland anbietet.« Diese Botschaft müssen wir in die Welt tragen. Wir sollen nicht zum Glauben an irgendeine Ansicht über das Ausmaß der Versöhnung aufrufen, sondern auf den lebendigen Christus hinweisen und die Menschen dazu bewegen, ihr Vertrauen auf ihn zu setzen.

Nur weil beide dies ergriffen hatten, konnten John Wesley und George Whitefield sich gegenseitig als Brüder im Glauben betrachten, obgleich sie hinsichtlich des Ausmaßes der Versöhnung verschiedener Meinung waren. Ihre Ansichten über diesen Punkt reichten jedoch nicht in ihre Verkündigung der Heilsbotschaft hinein. Beide gaben sich damit zufrieden, das Evangelium so zu predigen, wie es in der Schrift steht, also »den lebendigen Christus und die Kraft seines Versöhnungstodes in ihm«, ihn den Sündern anzubieten und die Verlorenen aufzufordern, zu ihm zu kommen und damit das Leben zu finden.

4. Dies führt uns zum letzten Punkt der Evangeliumsbotschaft: *Das Evangelium ist eine Aufforderung zum Glauben und zur Buße.* Jeder, der die Heilsbotschaft hört, ist von Gott aufgerufen, Buße zu tun und zu glauben. »Gott läßt den Menschen verkündigen, daß sie

---

[9] Siehe Matth. 11, 28 ff; 22, 9; Luk. 2, 10 f; 12, 8; Joh. 1, 12; 3, 14 ff; 6, 40. 54; 7, 37; 11, 26; 12, 46; Apg. 2, 21; 10, 43; 13, 39; Röm. 1, 16; 3, 22; 9, 33; 10, 4 ff; Gal. 3, 22; Tit. 2, 11; Offbg. 22, 17; vgl. Jes. 55, 1.

alle überall Buße tun sollen«, sagt Paulus den Athenern[10]. Als er von seinen Zuhörern gefragt wurde, was sie denn tun sollten, um »die Werke Gottes zu wirken«, antwortete unser Herr: »Darin besteht das Werk Gottes, daß ihr an den glaubt, den jener gesandt hat[11].« Und in 1. Joh. 3, 23 lesen wir: »Das ist sein Gebot, daß wir an den Namen seines Sohnes Jesus Christus glauben ...« Buße und Glauben sind also durch das direkte Gebot Gottes eine Pflicht, so daß Unbußfertigkeit und Unglaube im Neuen Testament als außerordentlich schwere Sünden hervorgehoben werden[12]. Zusammen mit diesen allumfassenden Geboten, wie sie oben genannt wurden, gehen allumfassende Verheißungen der Errettung für diejenigen, die gehorchen. »Für diesen legen alle Propheten Zeugnis ab, daß jeder, der an ihn glaubt, durch seinen Namen Vergebung der Sünden empfangen werde[13].« —»Wer will, der nehme Wasser des Lebens umsonst[14].« — »Denn so sehr hat Gott die Welt geliebt, daß er seinen einzigen Sohn gab, damit jeder, der an ihn glaubt, nicht verlorengehe, sondern ewiges Leben habe[15].« Diese Worte sind Verheißungen, zu denen Gott bis ans Ende der Zeiten stehen wird.

Es muß noch gesagt werden, daß der Glaube ebensowenig ein optimistisches Gefühl ist, wie Buße ein schmerzliches und reumütiges Gefühl. Glaube und Buße sind Handlungen, und zwar Handlungen, die den ganzen Menschen angehen. Glaube ist mehr als ein Fürwahrhalten. Glaube besteht im wesentlichen darin, daß ein Mensch sich mit seinem ganzen Vertrauen auf die Verheißungen der Barmherzigkeit Christi Sündern gegenüber stützt und auf Christus selbst, der diese Verheißungen gab. Desgleichen ist auch Buße mehr als nur Reue über die Vergangenheit; Buße ist eine Sinnes- und Herzensänderung, ein neues Leben, in dem das eigene Ich verleugnet und stattdessen dem Erlöser als dem König gedient wird. Ein bloßes Fürwahrhalten ohne Vertrauen und ein bloßes Schuldgefühl ohne Umkehr erretten nicht. »Auch die Dämonen glauben und zittern[16].« — »Die Betrübnis der Welt aber bewirkt den Tod[17].«

---

[10] Apg. 17, 30.
[11] Joh. 6, 29.
[12] Vgl. Luk. 13, 3. 5; 2. Thess. 2, 11 f.
[13] Apg. 10, 43.
[14] Offbg. 22, 17.
[15] Joh. 3, 16.
[16] Jak. 2, 19.
[17] 2. Kor. 7, 10.

Es gilt auch hier zwei Punkte festzuhalten:

a) Es ergeht der Aufruf sowohl zum Glauben als auch zur Buße. Es genügt nicht der Beschluß, sich von der Sünde abzuwenden, üble Gewohnheiten aufzugeben und zu versuchen, die Lehre Christi in die Praxis umzusetzen, indem man fromm wird und anderen Menschen möglichst viel Gutes tut. Eifriges Streben, Entschlossenheit, gutes, sittliches Verhalten und Frömmigkeit sind kein Ersatz für Glauben. Martin Luther und John Wesley besaßen alle diese Eigenschaften längst, bevor sie den Glauben fanden. Zum Glauben jedoch gehört ein Fundament an Wissen: Der Mensch muß von Christus, seinem Kreuz und seinen Verheißungen etwas wissen, bevor der Glaube für ihn eine reale Möglichkeit wird. Wir müssen daher diese Dinge in unserer Verkündigung des Evangeliums betonen, um die Sünder dahin zu bringen, ihr Vertrauen in sich selbst aufzugeben und allein Christus und der Kraft seines erlösenden Blutes zu vertrauen, wodurch sie bei Gott angenommen werden. Allein darin besteht Glaube.

b) Es ergeht der Aufruf sowohl zur Buße als auch zum Glauben. Es genügt nicht zu glauben, daß allein durch Christus und seinen Tod ein Sünder gerechtfertigt und angenommen wird, daß die eigene Vergangenheit ausreicht, ein übermächtiges Verdammungsurteil Gottes zu empfangen, und daß man ohne Christus keinerlei Hoffnung hat. Die Kenntnis des Evangeliums und ein orthodoxer Glaube daran sind kein Ersatz für die Buße. Soll es jedoch zur Buße kommen, so muß auch hier ein Fundament an Wissen bestehen. Man muß wissen — um mit den Worten der ersten von Luthers 95 Thesen zu sprechen —: »Da unser Meister und Herr Jesus Christus spricht: Tut Buße, will er, daß das ganze Leben seiner Gläubigen auf Erden eine unaufhörliche Buße sein soll.« Man muß außerdem wissen, was Buße bedeutet. Mehr als einmal machte Christus betont aufmerksam auf den radikalen Bruch mit der Vergangenheit, der zur Buße gehört. »Wenn jemand mit mir gehen will, verleugne er sich selbst und nehme täglich sein Kreuz auf sich und folge mir nach! Wer sein Leben verliert um meinetwillen, der — und nur der — wird es retten[18].« — »Wenn jemand zu mir kommt und nicht seinen Vater und seine Mutter und sein Weib und seine Kinder und seine Brüder und seine Schwestern und dazu auch sein Leben haßt (d. h. sie alle entschieden an zweite Stelle nach Christus setzt), kann er nicht mein Jünger sein. So kann keiner von euch, der nicht allem entsagt, was

---

[18] Luk. 9, 23 f.

er hat, mein Jünger sein[19].« Die Buße, die Christus von den Seinen fordert, besteht in einer entschiedenen Absage an jegliche Begrenzung, die sie seinen Ansprüchen an ihr Leben setzen könnten. Unser Herr wußte — und wer konnte es besser wissen —, wieviel es seine Nachfolger kosten würde, diese Absage aufrechtzuerhalten und ihm allein jederzeit den Weg mit ihnen zu überlassen; daher wollte er, daß sie sich dies vor Augen führten und die Konsequenzen der Jüngerschaft durchdachten, bevor sie ihm ihr Leben übergaben. Er wollte niemanden unter Vorspiegelung falscher Tatsachen zum Jünger machen. Er wollte keine große Menge erklärter Anhänger, die abspringen würden, sobald sie sich bewußt wurden, was diese Nachfolge wirklich von ihnen verlangt. Bei unserer Verkündigung der Heilsbotschaft Jesu Christi müssen wir daher die Kosten der Nachfolge Jesu ähnlich stark betonen und die Sünder veranlassen, diesen ganz klar ins Auge zu sehen, bevor wir sie dazu bewegen, die Botschaft von der freien Vergebung anzunehmen. In ganzer Offenheit dürfen wir auch die Tatsache nicht verschweigen, daß die freie Vergebung in gewissem Sinne alles kostet; andernfalls wird unsere Verkündigung eine Art Bauernfang. Wo keine klare Kenntnis besteht und somit die wirklichen Forderungen Christi nicht realistisch gesehen werden, kann keine Buße und daher keine Errettung sein. Dieser Art ist die evangelistische Botschaft, die wir verbreiten sollen.

c) Der Beweggrund zur Verkündigung

Es gibt wohl zwei Motive, die uns fortwährend zum Evangelisieren anspornen sollten: erstens die Liebe zu Gott und seine Ehre; zweitens die Liebe zum Mitmenschen und sein Wohlergehen.

1. Das erste Motiv ist grundlegend. Die Hauptbestimmung des Menschen liegt darin, Gott zu verherrlichen. Die biblische Lebensregel heißt: »Tut alles Gott zu Ehren[1].« Die Menschen preisen Gott, wenn sie seinem Wort gehorchen und seinen offenbarten Willen tun. So lautet auch das erste und oberste Gebot: »Du sollst den Herrn deinen Gott lieben[2].« Unsere Liebe zum Vater und zum Sohn, die uns ihre ganze Liebe schenken, beweisen wir dadurch, daß wir ihre Gebote halten. »Wer meine Gebote hat und sie hält, der hat mich in Wahrheit lieb[3]«, hat unser Herr gesagt. Und Johannes schrieb: »Das

---

[19] Luk. 4, 26. 33.
[1] 1. Kor. 10, 31.
[2] Matth. 22, 37 f.
[3] Joh. 14, 21.

ist die Liebe zu Gott, daß wir seine Gebote halten[4].« Verkündigung der Botschaft ist eine der Tätigkeiten, die der Vater und der Sohn uns geboten haben. »Diese Heilsbotschaft vom Reich«, so sagt uns Christus, »wird (nach Markus »muß«) auf dem ganzen Erdkreis allen Völkern zum Zeugnis gepredigt werden[5].« Und vor seiner Himmelfahrt gab Christus seinen Jüngern den folgenden unmißverständlichen Auftrag: »So gehet hin zu allen Völkern und ruft sie in meine Nachfolge!« Diesem Gebot läßt er eine umfassende Verheißung unmittelbar folgen: »Und siehe, ich bin bei euch alle Tage bis zum Ende der Welt[6].« Dieses so viel umfassende Versprechen zeigt die ganze Reichweite des Gebotes, mit dem es verbunden ist. Die Worte »bis zum Ende der Welt« machen deutlich, daß dieses Wörtchen »euch« in der Verheißung nicht einzig und allein die elf Jünger betraf. Diese Verheißung erstreckt sich auf die gesamte christliche Kirche aller Zeiten, die Gesamtgemeinde, deren erste Mitglieder die elf Jünger waren. Sie gilt daher für uns genauso wie für jene und enthält einen großen Trost. Gilt aber die Verheißung uns, dann gilt uns auch der Auftrag, mit dem sie verknüpft ist. Die Verheißung sollte den Elfen als Ermutigung dienen, damit die Größe und Schwierigkeit der Aufgabe einer Weltevangelisierung, die Christus ihnen auferlegte, sie nicht überwältigte. Wenn wir auf der einen Seite das Vorrecht haben, die Verheißung für uns in Anspruch zu nehmen, dann haben wir auf der anderen Seite auch die Verpflichtung, den Auftrag anzunehmen. Die Aufgabe, die den Elfen auferlegt wurde, ist die ständige Aufgabe der Kirche. Ist es aber die Aufgabe der Kirche im allgemeinen, dann ist es unser aller Aufgabe im besonderen. Lieben wir also Gott und sind um seinen Ruhm bemüht, dann müssen wir auch seinem Gebot zur Evangelisation gehorsam sein.

Es gibt aber noch einen zweiten Gedanken zu diesem Punkt. Durch unsere Verkündigung rühmen wir Gott nicht nur, weil die Verkündigung eine Tat des Gehorsams ist, sondern auch, weil wir darin der Welt sagen, wie große Dinge Gott für die Errettung der Sünder getan hat. Gott wird immer verherrlicht, wenn seine großen Gnadentaten bekannt gemacht werden. Der Psalmist ermuntert uns: »Verkündet Tag für Tag sein Heil! Erzählt bei den Heiden von seiner Hoheit, bei allen Völkern von seinen Wundern[7]!« Für einen

---
[4] 1. Joh. 5, 3.
[5] Matth. 24, 14; Mk. 13, 10.
[6] Matth. 28, 19 f.
[7] Ps. 96, 2 f.

Christen ist schon die Tatsache an sich, daß er Unbekehrten von Jesus Christus und seiner rettenden Kraft erzählt, eine Ehrung und Verherrlichung Gottes.

2. Der zweite Beweggrund, der uns Anlaß zu fleißiger Verkündigung sein sollte, ist die Liebe zu unserem Nächsten und der Wunsch nach der Errettung unserer Mitmenschen. Der Wunsch, die Verlorenen für Christus zu gewinnen, sollte der natürliche, spontane Ausdruck der Liebe im Herzen eines jeden wiedergeborenen Menschen sein; und so ist es auch in Wirklichkeit. Der Herr selbst bestätigt das alttestamentliche Gebot, daß wir unseren Nächsten lieben sollen wie uns selbst[8]. »Darum wollen wir so, wie wir Gelegenheit haben«, schreibt Paulus, »allen Menschen Gutes erweisen[9].« Was braucht ein Mensch dringender, als Christus zu kennen? Was können wir einem Menschen Besseres geben, als ihm Christus nahezubringen? Sofern wir unseren Nächsten also wirklich lieben wie uns selbst, werden wir notwendigerweise den Wunsch haben, daß auch er die Rettung erlangt, die für uns soviel bedeutet. Darüber sollten wir wirklich nicht nachzudenken geschweige denn zu diskutieren haben. Der Antrieb zum Weitersagen der Botschaft sollte spontan in uns entstehen, sobald wir erkannt haben, daß unser Nächster Christus braucht.

Wer ist denn mein Nächster? Als der Gesetzeslehrer sich dem Gebot der Nächstenliebe gegenüber sah und dem Herrn diese Frage stellte, antwortete Christus mit der Geschichte vom barmherzigen Samariter[10]. Sie lehrt uns einfach, daß jeder Mitmensch, den wir in einer Not antreffen, unser Nächster ist; Gott hat ihn uns hingelegt, damit wir ihm helfen. Unsere Aufgabe ist es, daß wir uns ihm als Nächster erweisen, indem wir alles tun, um seiner Not abzuhelfen, in welcher Form sie auch immer bestehen mag. »So gehe hin und handle du ebenso«, sagte der Herr dem Gesetzeslehrer. Er sagt das auch uns. Dieses Prinzip gilt für alle Arten von Not, sowohl für geistliche als auch für materielle. Wenn wir also mit Männern und Frauen zusammentreffen, die ohne Christus leben und daher dem geistlichen Tod entgegengehen, müssen wir sie als unsere Nächsten in diesem Sinne ansehen und uns fragen, was wir dazu tun können, daß sie Christus kennenlernen.

Ich möchte nochmals betonen: Wenn wir selbst etwas von der

---
[8] Mk. 12, 31; Luk. 10, 27 f.
[9] Gal. 6, 10.
[10] Luk. 10, 29 ff.

Liebe Christi zu uns kennengelernt haben und unser Herz Dank empfindet für die Gnade, die uns vor Tod und Hölle errettet hat, dann sollte diese Sorge um unsere Mitmenschen, die geistliche Hilfe brauchen, ganz natürlich und spontan in uns entstehen. Im Zusammenhang mit tatkräftiger Verkündigung erklärte Paulus: »Die Liebe Christi drängt uns[11].« Es ist tragisch und gefährlich zugleich, wenn Christen nicht den Wunsch haben, ja sogar abgeneigt sind, ihre so kostbare Erkenntnis mit anderen zu teilen, die diese genau so nötig haben wie sie selbst. Als Andreas den Messias gefunden hatte, war es für ihn selbstverständlich, hinzugehen und es seinem Bruder Simon zu berichten; ebenso eilte Philippus zu seinem Freund Nathanael, um auch ihm die gute Nachricht zu bringen[12]. Sie brauchten dazu nicht erst aufgefordert zu werden, sondern taten es selbstverständlich und spontan, so wie man auch seiner Familie und seinen Freunden irgendeine andere Nachricht weitersagen würde, die einen sehr bewegt. Es liegt etwas sehr im argen bei uns, wenn diese Art des Handelns für uns nicht selbstverständlich ist. Darüber müssen wir uns ganz klar sein. Es ist ein großes Vorrecht, die Heilsbotschaft weitersagen zu dürfen! Es ist eine wunderbare Sache, anderen Menschen von der Liebe Christi erzählen zu können, weil man weiß, daß sie nichts dringender wissen müssen als das und daß keine Weisheit der Welt so viel Gutes für sie enthält. Wir sollten daher nicht zurückhaltend oder gar abgeneigt sein, persönlich von Mensch zu Mensch zu evangelisieren. Wir sollten über diese Möglichkeit froh und glücklich sein. Wir sollten nicht nach Ausflüchten suchen, um uns der Pflicht zu entziehen, anderen Menschen vom Herrn Jesus Christus zu sagen, wenn sich die Gelegenheit bietet. Wenn wir vor dieser Verantwortung zurückschrecken und versuchen, ihr aus dem Wege zu gehen, müssen wir uns der Tatsache bewußt sein, daß wir in diesem Punkt der Sünde und dem Satan Raum geben. Wenn uns, wie es häufig der Fall ist, die Angst zurückhält, daß man uns für rückständig und lächerlich erklären könnte, oder daß wir in bestimmten Kreisen an Beliebtheit einbüßen, müssen wir uns in der Gegenwart Gottes fragen: Sollten uns diese Dinge von der Nächstenliebe abhalten? Wenn falsche Scheu (die gar keine Scheu, sondern getarnter Stolz ist) unseren Mund für ein christliches Zeugnis gegenüber anderen Menschen verschließt, so

---

[11] 2. Kor. 5, 14.
[12] Joh. 1, 40 ff.

wollen wir unserem Gewissen diese Frage vorlegen: Was ist wichtiger — unser Ansehen oder ihre Errettung? Wir können über diese Eitelkeit und Feigheit nicht ruhig hinweggehen, wenn wir unser Leben im Angesicht Gottes sorgsam prüfen. Uns bleibt dann nichts weiter übrig, als um die Gnade zu bitten, wirklich beschämt über uns selbst zu sein, und darum zu beten, daß unsere Liebe zu Gott so stark sein möge, daß wir in der Liebe zum Mitmenschen überfließen und es dann ganz leicht, selbstverständlich und beglückend finden, ihnen die frohe Botschaft von Christus weiterzusagen.

Ich denke, daß wir jetzt allmählich eine klare Vorstellung von unserer evangelistischen Verantwortung haben. Das Verkündigen des Evangeliums ist nicht der einzige Auftrag, den uns der Herr gegeben hat, auch nicht ein Auftrag, den wir alle in der gleichen Weise durchzuführen haben. Wir sind nicht alle dazu aufgerufen, Prediger zu sein; wir haben nicht alle die gleichen Möglichkeiten oder dieselben Fähigkeiten, persönlich mit Menschen umzugehen, die Christus brauchen. Uns allen aber ist eine bestimmte evangelistische Verantwortung auferlegt, der wir uns nicht entziehen können, ohne es damit an der Liebe zu Gott wie auch zu unserem Nächsten fehlen zu lassen. Zunächst können und sollten wir alle für die Errettung unbekehrter Menschen beten, insbesondere für die in unserer Familie, unter unseren Freunden und Kollegen. Und dann sollten wir versuchen herauszufinden, welche Möglichkeiten zum Weitersagen der Botschaft unser Alltag bietet, und sie tapfer nützen. Es liegt in der Natur der Liebe, daß sie handelt. Wenn wir jemanden lieben, versuchen wir ständig herauszufinden, was das Beste für ihn ist und wie wir ihn am meisten erfreuen können. Es macht uns Freude, ihn mit etwas zu erfreuen, was wir uns für ihn ausgedacht haben. Wenn wir also den dreieinigen Gott lieben für all das, was er für uns getan hat, dann sollten wir unsere ganze Tatkraft und Unternehmungsfreude daransetzen, in jeder Lage so viel wie möglich zu seiner Ehre zu tun, und das können wir hauptsächlich dadurch, daß wir Mittel und Wege ausfindig machen, das Evangelium zu verbreiten und dem göttlichen Auftrag zu gehorchen, überall Menschen zu Jüngern zu machen. Ebenso sollten wir, wenn wir unseren Nächsten lieben, unsere ganze Tatkraft und Unternehmungsfreude einsetzen, Wege zu finden, ihm Gutes anzutun. Das können wir vor allem, indem wir ihm die Kunde von Christus weitergeben. Lieben wir also Gott und unseren Nächsten, dann sollen wir das Evangelium weitersagen und in unserer Verkündigung mutig sein. Wir sollen nicht widerstrebend fragen, wieviel wir auf diesem Gebiet tun müssen, als wäre das Verkündigen der Heilsbotschaft eine widerwärtige und lästige Aufgabe. Wir sollen nicht ängstlich fragen, mit welchem Mindestmaß an Mühe in der Verkündigung wir Gott zufriedenstellen. Dagegen sollen wir eifrig bemüht sein und ernsthaft beten, daß uns gezeigt werde, wieviel wir nach unseren Kräften dazu tun können, die Kunde von Jesus Christus unter die Menschen zu bringen. Haben wir einmal die Möglichkeiten erkannt, dann sollen wir uns mit ganzem Herzen dieser Aufgabe widmen.

Es muß aber noch ein weiterer Punkt angeführt werden, damit nicht das bisher Gesagte falsch angewendet wird. Man darf nie vergessen, daß der von uns in der Verkündigung geforderte Einsatz ein Einsatz der Liebe ist, der aus einem echten Interesse an den Menschen entspringt, die wir gewinnen wollen, und aus einer wirklichen Sorge um ihr Wohlergehen. Dies drückt sich aus in wahrer Achtung und Freundlichkeit ihnen gegenüber. Man begegnet manchmal einem kopfjägerischen Eifer in der Wortverkündigung sowohl auf der Kanzel als auch in der persönlichen Begegnung. Beides ist beängstigend und zu verwerfen: verwerflich, weil sich darin weder Liebe und Besorgnis, noch der Wunsch zu helfen, sondern Anmaßung, Eitelkeit und Selbstzufriedenheit widerspiegeln, Macht über das Leben anderer zu haben. Beängstigend deshalb, weil dieser Einsatz sich bekundet in einem grausamen seelischen Hin- und Herstoßen des armen Opfers, wodurch großer Schaden bei feinfühligen und leicht beeinflußbaren Menschen angerichtet werden kann. Wenn aber die Liebe unsere evangelistische Arbeit antreibt und regiert, werden wir in einem anderen Geist an diese Menschen herantreten. Wenn wir wirklich um sie besorgt sind und unser Herz Gott aufrichtig liebt und fürchtet, werden wir bemüht sein, ihnen Christus so nahezubringen, daß wir sowohl ihm Ehre als auch den Menschen Achtung erweisen. Wir werden nicht ihre Persönlichkeit verletzen, ihre Schwächen ausnützen oder ihre Gefühle vergewaltigen. Dagegen werden wir versuchen, sie von der Echtheit unserer Freundschaft und unseres Interesses zu überzeugen, indem wir unseren kostbarsten Besitz mit ihnen teilen. Dieser Geist der Freundschaft und Anteilnahme wird dann durch alle unsere Worte hindurchleuchten, sei es nun von der Kanzel oder im privaten Gespräch, und seien die Wahrheiten, die wir ihnen verkündigen, noch so handfest und aufrüttelnd.

Es gibt ein berühmtes altes Buch über die Verkündigung von Mensch zu Mensch von C. G. Trumbull mit dem Titel »Taking Men Alive« (»Wie wir Menschen zum Leben verhelfen«). Im dritten Kapitel des Buches berichtet der Autor von dem folgenden Grundsatz, den sich sein Vater, H. C. Trumbull, in dieser Sache gesetzt hatte: »Sooft es mir freisteht, das Thema meines Gespräches mit einem anderen Menschen bestimmen zu können, soll das Thema aller Themen, Christus, im Vordergrund stehen, so daß ich seine Not kennenlernen und ihr, wenn möglich, abhelfen kann.« Die Schlüsselworte sind: »Sooft ich das Thema meines Gespräches mit einem anderen Menschen bestimmen kann...« Sie erinnern uns zunächst daran, daß unser Evangelisieren von Mensch zu Mensch wie unser ganzer Umgang mit Menschen höflich sein soll. Zweitens geben sie uns zu bedenken, daß dieser Art der Verkündigung gewöhnlich eine Freundschaft zugrundeliegen sollte. Man kann nicht ohne weiteres das Gesprächsthema bestimmen, wenn man mit dem Betreffenden nicht schon freundschaftliche Beziehungen angeknüpft und ein Verhältnis zu ihm geschaffen hat, aus dem er merkt, daß man ihn achtet, an ihm interessiert ist und ihn als Menschen behandelt und nicht als irgendeinen »Fall«. Mit einigen Menschen kann man eine solche Beziehung innerhalb von fünf Minuten anknüpfen, bei anderen wieder kann es Monate dauern. Das Prinzip aber bleibt das gleiche. Das Recht, mit einem Menschen ein vertrautes Gespräch über den Herrn Jesus Christus zu führen, muß verdient sein, und das geschieht dadurch, daß man ihn überzeugt, daß man sein Freund ist und sich wirklich um ihn kümmert. Daher sollte die Methode, wahllos jemanden beim Knopfloch zu fassen, dieses aufdringliche Einbrechen in die Intimsphäre anderer Menschen, diese dickfällige Beharrlichkeit, widerstrebenden, fremden Leuten, die am liebsten weglaufen möchten, die Dinge Gottes zu erklären, als eine Entstellung des Evangelisierens von Mensch zu Mensch abgetan werden. In diesen Fehler verfallen leider manchmal Personen, die sich damit auf den Auftrag zur persönlichen Verkündigung berufen. Die Bezeichnung »unpersönliche Evangelisten« träfe für sie besser zu! Eine Roheit dieser Art macht Gott Unehre; sie schafft darüber hinaus Ärger und Vorurteile gegen Christus, dessen erklärte Jünger sich so abstoßend benehmen. Echtes Evangelisieren von Mensch zu Mensch ist im Grunde sehr aufwendig, da es eine wirklich persönliche Beziehung zu dem betreffenden Menschen von uns fordert. Wir müssen den Menschen in aufrichtiger Freundschaft zugetan sein, wenn unsere Beziehung zu ihnen jemals den Punkt erreichen soll, an dem wir die Freiheit haben, zu ihnen über Christus und ihre eigenen geistlichen Nöte zu sprechen, ohne taktlos oder beleidigend zu sein. Wenn wir also persönliche Verkündigung tun möchten — und das wollen wir doch hoffentlich alle —, dann sollten wir um die Gabe der Freundschaft beten. Wahre Freundlichkeit ist in jedem Fall ein Hauptmerkmal des Menschen, der anfängt, seinen Nächsten wie sich selbst zu lieben.

d) Mittel und Wege

In gewissen Kreisen besteht heute eine Kontroverse bezüglich der evangelistischen Methoden. Die einen kritisieren, die anderen verteidigen die Art der Evangelisationsversammlung, die fast ein Jahrhundert lang eine ständige Einrichtung im Leben vieler evangelischer Kirchen und Kreise war. Derartige Versammlungen kennen wir alle. Sie werden bewußt frisch und freundlich gestaltet, in der Hoffnung, daß sie auch auf solche Menschen eine Anziehungskraft ausüben, die wenig Interesse an der christlichen Botschaft haben und vielleicht nie eine Kirche von innen sahen. Dementsprechend wird alles daraufhin angelegt, eine Atmosphäre der Wärme und Heiterkeit zu schaffen. Ein Großteil der Versammlung besteht gewöhnlich aus musikalischen Darbietungen — Chorgesänge, Sologesänge, Erweckungslieder. Starke Betonung wird auf die Tatsachen christlicher Erfahrung gelegt, was sowohl bei der Auswahl der Lieder als auch durch Zeugnisse zum Ausdruck kommt. Die Versammlung gipfelt in einem Aufruf zur Entscheidung, woran sich eine Nachversammlung oder eine persönliche Aussprache zur weiteren Unterweisung derer anschließt, die auf die Aufforderung hin eine Entscheidung getroffen haben oder noch treffen wollen.

Die Kritik an solchen Versammlungen — ob sie gerechtfertigt ist, bleibe dahingestellt — lautet im wesentlichen folgendermaßen: Der munter dahingleitende Ton dieser Versammlungen — so sagt man — führt zu Respektlosigkeit. Der Versuch, ihnen einen unterhaltenden Charakter zu geben, hat zur Folge, daß das Gefühl für die Majestät Gottes abnimmt, der Geist der Anbetung verbannt wird und die Menschen eine billige Vorstellung von ihrem Schöpfer bekommen. Darüber hinaus ist es eine denkbar schlechte Vorbereitung der etwaigen Neubekehrten auf den regulären Sonntagsgottesdienst in den Kirchen, den sie später dann besuchen. Die scheinbar unvermeidliche Versüßlichung des Christenlebens in den Zeugnissen ist vom seelsorgerlichen Standpunkt her unverantwortlich und gibt einen falschen, romantischen Eindruck von dem, was es heißt, ein Christ zu sein. Alles dies, in Verbindung mit der Tendenz, mit werbenden Worten zur Entscheidung zu überreden und zur Gefühlssteigerung süßliche Musik bewußt anzuwenden, trägt dazu bei, Bekehrungen zu bewirken, die nichts weiter als emotionelle, seelische Aufwallungen und ganz und gar nicht die Frucht geistlicher Gewißheit und Erneuerung sind. Der Gelegenheitscharakter, den diese Versammlungen tragen, macht es unvermeidbar, daß die Aufrufe zur Entscheidung oft ergehen, ohne daß die Menschen vorher genügend darüber informiert wurden, was eine solche Entscheidung umfaßt und kostet; derartige Aufforderungen sind nichts weiter als ein Bauernfang. Der Wunsch, diese Versammlungen zu rechtfertigen, indem man eine Ernte an Bekehrten einbringt, veranlaßt wohl den Prediger und seine Helfer zu dem Versuch, die Menschen vorzeitig zur Entscheidung zu bewegen, also bevor sie überhaupt richtig begriffen haben, worum es eigentlich geht. Auf diese Weise entstehen dann bestenfalls oft verkümmerte, schlimmstenfalls unechte und schließlich für das Evangelium nicht mehr erreichbare Bekehrte. Es ist unsere Aufgabe in der Verkündigung, so sagt man, mit dieser Art Evangelisation vollständig zu brechen und eine neue Methode zu entwickeln, oder aber die alte wiederherzustellen, die man hatte, bevor diese Art der Evangelisationsversammlung üblich wurde. In diesem Fall ist dann die Ortskirche der Evangelisationsveranstalter und nicht eine Gruppe oder ein Querschnitt aus verschiedenen Kirchen; die Evangelisationsversammlung wird hierbei eingegliedert in die örtlichen Kirchenveranstaltungen, die dann auch eine Reihe von Evangelisationsversammlungen einschließen.

Gewöhnlich besagt die Antwort auf solche Kritik, daß es sich bei den aufgezeigten Punkten wirklich um Mißbräuche handelt, die aber bei den Evangelisationen der üblichen Art vermieden werden können und auch vermieden werden. Diese Versammlungen — so wird gesagt — haben ihre Brauchbarkeit in der Vergangenheit bewiesen. Die Erfahrung zeigt, daß Gott sie noch immer benutzt, und es besteht kein ausreichender Grund dafür, sie abzuschaffen. Man argumentiert, daß diese Versammlungen dadurch, daß so viele Gemeinden der größeren Kirchen in ihrer evangelistischen Verantwortung versagen, oft die einzige Möglichkeit darstellen, der breiten Masse unserer Mitmenschen das Evangelium zu bringen.

Daher sollten sie nicht abgeschafft, sondern dort neugestaltet werden, wo Mißbräuche herrschen.

So geht der Streit weiter und wird zweifellos auch noch andauern. Meine Absicht ist es nicht, in diese Kontroverse einzusteigen; ich will vielmehr ihre Hintergründe aufdecken. Dabei möchte ich das Grundprinzip herausstellen, das uns bei der Beurteilung dieser und anderer Methoden der Wortverkündigung leiten sollte, die praktiziert oder vorgeschlagen werden.

Was ist dieses Grundprinzip? Der folgende Gedankengang soll dies verdeutlichen.

Wir haben festgestellt, daß die Verkündigung ein Akt der Kommunikation mit dem Ziel der Bekehrung ist. Es gibt daher letzten Endes nur ein Mittel der Verkündigung, nämlich das Evangelium von Jesus Christus, das dargelegt und angewendet wird. Glaube und Buße, die beiden sich ergänzenden Elemente der Bekehrung, sind die Reaktion auf das Evangelium. »Also kommt der Glaube aus dem Hören, das Hören aber durch das Wort Christi[1],« sagt Paulus. In einer schriftgemäßen Verkündigung gibt es nur eine wirkende Macht. Es ist der Herr Jesus Christus selbst, der durch seinen Heiligen Geist seine Diener befähigt, das Evangelium wahrhaftig zu verkündigen und kraftvoll und wirksam anzuwenden. Christus selbst ist es auch, der durch seinen Heiligen Geist Sinn[2] und Herzen[3] der Menschen für die Annahme des Evangeliums öffnet und sie so rettet und zu sich zieht[4]. Paulus spricht von seinen Taten als Evangelist als von »etwas, was Christus durch mich gewirkt hat, um die Heiden zum Gehorsam zu bringen durch Wort und Tat ... in Kraft des heiligen Geistes[5].« Seit Augustin hat man oft hervorgehoben, daß Christus der wahre Verwalter der Sakramente ist und daß der menschliche Vermittler nur als sein Handlanger wirkt. Wir müssen uns die ebenfalls grundlegende Wahrheit ins Gedächtnis rufen, daß Christus der wahre Verwalter des Evangeliums ist und der menschliche Prediger oder Zeuge nur als sein Sprecher wirkt.

So gibt es letzten Endes auch nur eine Art der Wortverkündigung, nämlich die treue Auslegung und Aneignung der Heilsbotschaft. Daraus folgt — und hier haben wir das Grundprinzip, nach dem wir suchen —, daß an jede geplante Taktik, Ausführung oder Me-

---

[1] Röm. 10, 17.
[2] Luk. 24, 45.
[3] Apg. 16, 14.
[4] Joh. 12, 32.
[5] Röm. 15, 18 f.

thode evangelistischer Tätigkeit die Frage gerichtet werden muß: Dient sie wirklich dem Wort? Ist sie so gehalten, daß sie ein Mittel zur wahrhaftigen und umfassenden Auslegung und zur tiefgreifenden und klaren Aneignung des Evangeliums ist? In dem Maße, wie dies zutrifft, ist sie rechtmäßig und richtig; in dem Maße aber, wie sie die Tatsachen der Heilsbotschaft überdeckt und verdunkelt und in der Anwendung »die Ecken abgerundet werden«, ist sie gottwidrig und falsch.

Wir wollen darauf näher eingehen. Es bedeutet also, daß wir unsere gesamten evangelistischen Pläne und Praktiken einer Prüfung unterziehen müssen; darunter fallen auch unsere Missionsarbeiten, Tagungen und Evangelisationsfeldzüge, unsere Predigten, Gespräche und Zeugnisse; unsere großen und kleinen Versammlungen, das Weitersagen des Evangeliums im persönlichen Gespräch, das Schriftgut, das wir verteilen, die Bücher, die wir verleihen, und die Briefe, die wir schreiben. An all dieses Tun müssen wir etwa folgende Fragen stellen:

Ist diese Art, Christus zu verkündigen, darauf ausgerichtet, den Menschen nahezubringen, daß das Evangelium eine Botschaft von Gott ist? Zielt sie darauf hin, das Augenmerk von Menschen und allen rein menschlichen Dingen weg auf Gott und seine Wahrheit zu lenken? Oder aber tendiert sie dahin, die Aufmerksamkeit vom Schöpfer und von der Autorität der Botschaft abzulenken und auf die Person und Darbietungskünste des Botschafters zu richten? Bringt sie das Evangelium vernunftmäßig wie ein menschliches Gedankengebäude, wie ein Spielzeug des Predigers, oder wie eine göttliche Offenbarung, vor der auch der menschliche Überbringer in Ehrfurcht steht? Hat diese Art der Christusverkündigung den Anstrich menschlicher Klugheit und Attraktion? Stellt sie also dadurch den Menschen heraus? Oder verkörpert sie eine ungekünstelte Schlichtheit des Verkündigers, dessen einziges Anliegen es ist, seine Botschaft zu bringen, der nicht die Aufmerksamkeit auf sich lenken möchte, der sich so weit wie möglich im Hintergrund halten und hinter seiner Botschaft verbergen möchte, weil er nichts so sehr fürchtet, als von Menschen bewundert und beklatscht zu werden, die sich doch vor dem mächtigen Herrn, den er verkündigt, beugen und demütigen sollten?

Wieder lautet die Frage: Ist diese Art der Christusverkündigung darauf angelegt, die Arbeit des Wortes im Herzen der Menschen zu fördern oder zu hindern? Wird dadurch die Bedeutung der Botschaft klarer sichtbar, oder bleibt sie rätselhaft und dunkel, verriegelt durch fromme Reden und unverständliche Formeln? Veranlaßt sie die Menschen zum Nachdenken, zum angestrengten Nachdenken über Gott und über sich selbst in ihrem Verhältnis zu Gott? Oder führt sie dazu, daß das Denken unterdrückt wird, weil alles nur auf das Gefühl abgestimmt ist? Ist sie darauf abgestimmt, die Seele aufzurütteln oder einzuschläfern? Ist diese Art, Christus zu verkünden, ein Versuch, die Menschen durch die Macht des Gefühls oder der Wahrheit zu bewegen? Natürlich ist nichts gegen das Gefühl zu sagen; es ist ungewöhnlich, wenn sich jemand ohne Gefühl bekehrt. Verwerflich aber ist oft die Art, wie an das Gefühl appelliert und wie es ausgenutzt wird, so daß die Gefühle der Menschen verletzt werden, statt daß ihr Verstand unterrichtet wird.

Und wiederum müssen wir fragen: Ist diese Art zu verkünden darauf angelegt, den Menschen die Lehre des Evangeliums zu bringen, und zwar nicht nur einen Teil, sondern die ganze Botschaft, die Wahrheit über unseren Schöpfer und seine Forderungen an uns, über uns selbst als schuldige, verlorene und hilflose Sünder, die wiedergeboren werden müssen, und über den Sohn Gottes, der Mensch wurde, für die Sünden starb und nun lebt, um den Sündern zu vergeben und sie zu Gott zu bringen? Oder aber ist die betreffende Art der Verkündigung hier unzureichend, indem sie Halbwahrheiten bringt, die Menschen nur bis zu einem teilweisen Verstehen der Dinge führt und sie vorwärtstreibt mit dem Ruf zu Glaube und Buße, ohne daß ihnen überhaupt recht klar gemacht wurde, wofür sie eigentlich Buße tun und was sie glauben sollen?

Auch hier muß gefragt werden: Zielt diese Methode, Christus zu verkündigen, darauf ab, den Menschen die Aneignung des Evangeliums zu vermitteln, und zwar nicht nur teilweise, sondern vollständig: die Aufforderung, sich selbst so zu sehen und zu erkennen, wie Gott einen sieht und erkennt, also als sündiges Geschöpf; sich das Ausmaß und die Tiefe der Not klarzumachen, in die man durch das falsche Verhältnis zu Gott geraten ist, und sich dann auch den Preis und die Folgen vor Augen zu halten, die eine Hinwendung zu Christus als dem Herrn und Erlöser nach sich ziehen? Oder weist sie vielmehr in diesem Punkt Mängel auf, indem sie einiges hiervon beschönigt und einen unvollkommenen, verbogenen Eindruck von dem vermittelt, was das Evangelium fordert? Läßt sie beispielsweise die Menschen darüber in Unkenntnis, daß es überhaupt ihre unmittelbare Pflicht ist, Christus zu antworten? Oder läßt sie

sie etwa in dem Glauben, daß sie nichts weiter zu tun brauchten, als sich passiv darauf zu verlassen, daß ja Christus alle Sünden getragen hat, ohne ihnen klarzumachen, daß sie sich auch selbst verleugnen und ihm als Herrn ihres Lebens die Herrschaft wirklich einräumen müssen? Diesen Irrtum könnte man als »Nur-Gläubigkeit« bezeichnen. Oder weckt sie in ihnen die Vorstellung, daß sie sich lediglich Christus als ihrem Meister weihen müssen, ohne deutlich zu machen, daß sie ihn auch als ihren Erlöser annehmen müssen? Man könnte diesen Irrtum mit dem Ausdruck »ethische Religiosität« belegen. Wir müssen uns darüber klar sein, daß es für einen Menschen, dessen Gewissen in geistlicher Hinsicht erwachte, gefährlicher ist, aus einem falschen Verständnis heraus auf das Evangelium zu reagieren und sich damit eine falsche Frömmigkeit anzueignen, als überhaupt nicht zu reagieren. Wenn man aus einem Zöllner einen Pharisäer macht, wird seine Lage schlimmer statt besser.

Wiederum müssen wir fragen: Ist diese Art, Christus zu verkündigen, so, daß sie die Wahrheit des Evangeliums in angemessenem Ernst vermittelt? Macht sie den Menschen deutlich, daß sie es hier wahrhaftig mit einer Sache auf Leben und Tod zu tun haben? Führt sie dazu, daß die Menschen die Größe Gottes, die Größe ihrer Sünde und Not und die Größe der Gnade Christi erkennen und begreifen? Ist sie geeignet, ihnen die erhabene Majestät und Heiligkeit Gottes bewußt zu machen? Trägt sie zu der Erkenntnis bei, daß es furchtbar ist, in seine Hände zu fallen? Oder ist diese Art der Verkündigung so lässig-unterhaltend, so heiter-gemütlich, daß es den Zuhörern schwerfällt, sich vorzustellen, daß das Evangelium überhaupt irgendwelche Konsequenzen fordert, außer daß es eine Stärkung für die Unbilden des Lebens ist? Es ist eine große Beleidigung Gottes und den Menschen gegenüber ein wirklich schlechter Dienst, wenn man das Evangelium durch die Art der Verkündigung abschwächt und bagatellisiert. Nicht daß wir einen unnatürlichen, feierlichen Ernst an den Tag legen sollten, wenn wir über geistliche Dinge sprechen — es gibt nichts Wertloseres als einen scheinheiligen Ernst, und nichts ist geeigneter, aus unseren Zuhörern Scheinheilige zu machen. Eins aber ist nötig: Wir, die wir Christus verkündigen möchten, sollten beständig darum bitten, daß Gott uns ein Bewußtsein seiner Größe und seines Ruhmes, der Freude seiner Gemeinschaft und der schrecklichen Möglichkeit, Zeit und Ewigkeit ohne ihn verbringen zu müssen, in unser Herz lege und verankere, und daß er uns fähig mache, glaubwürdig, offen und geradeheraus so zu sprechen, wie wir über diese Dinge denken. Dann werden wir die Botschaft ganz freimütig und mit dem nötigen Ernst verkündigen.

Anhand solcher Fragen müssen wir unsere evangelistischen Methoden prüfen und, wenn nötig, ändern. Hier gilt der Grundsatz, daß die beste Art der Verkündigung diejenige ist, die dem Evangelium am umfassendsten dient. Es ist die Art, die den göttlichen Ursprung der Botschaft sowie auch die Tatsache am klarsten bezeugt, daß die dadurch aufgeworfenen Fragen eine Entscheidung über Leben und Tod betreffen. Auch ist es diejenige, die eine möglichst vollständige Darlegung der frohen Botschaft von Christus und seinem Kreuz sowie die klarste und tiefgreifendste Anwendung des Evangeliums ermöglicht. Es ist diejenige, die das Nachdenken derer, denen das Zeugnis gebracht wird, am stärksten beansprucht und ihnen ganz lebendig zum Bewußtsein bringt, daß das Evangelium Gottes Wort ist, das an sie persönlich in ihrer ganz bestimmten Lage ergeht. Den jeweils besten Weg müssen wir selbst herausfinden. Im Hinblick auf diesen Grundsatz müssen alle Streitfragen über evangelistische Methoden entschieden werden.

5. Göttliche Souveränität und christliche Verkündigung

Zu Beginn dieses letzten Kapitels wollen wir zusammenfassen, was wir bisher über christliche Verkündigung erfahren haben. Wir haben gesehen, daß die Verkündigung eine Aufgabe ist, die dem Volke Gottes auf der ganzen Welt übertragen ist. Sie besteht darin, eine Botschaft des Schöpfers an die widerstrebende Menschheit zu überbringen, eine Botschaft, die mit einer Mitteilung beginnt und mit einer Einladung endet. Die Mitteilung bezieht sich auf Gottes Heilstat, durch die er seinen Sohn zu einem vollkommenen Retter für Sünder gemacht hat. Die Einladung ist Gottes allgemeine Aufforderung an die Menschheit, zu diesem Erlöser zu kommen und das Leben zu finden. Gott ruft alle Menschen auf zur Buße und verheißt jedem, der diesem Ruf folgt, Vergebung und Erneuerung. Der Christ ist in die Welt gesandt als Gottes Herold und Christi Botschafter, um diese Botschaft soweit wie möglich zu verbreiten. Dies ist sowohl seine Pflicht — da Gott es gebietet und die Liebe zum

Nächsten es fordert — als auch sein Vorrecht, weil es etwas Großes ist, Gottes Sprachrohr zu sein und unserem Mitmenschen das einzig wahre Mittel zu bringen, das ihn vor den Qualen eines geistlichen Todes bewahren kann. Unsere Aufgabe ist es also, zu unseren Mitmenschen zu gehen und ihnen das Evangelium von Christus zu sagen. Wir müssen versuchen, es ihnen mit allen Mitteln klarzumachen, wir müssen möglichst alle Schwierigkeiten aus dem Wege räumen, ihnen den Ernst der Botschaft einprägen und ihnen eindringlich ans Herz legen, darauf zu antworten. Hierin liegt unsere ständige Verantwortung. Sie ist ein Hauptteil unserer christlichen Berufung.

Jetzt aber kommen wir zu der Frage, die von Anfang an mitschwang. Wie wirkt sich unser Glaube an die Souveränität Gottes auf alles dieses aus?

Wir haben anfangs gesehen, daß die göttliche Souveränität eine von den beiden Wahrheiten ist, die im biblischen Denken eine Antinomie darstellen. Der Gott der Bibel ist sowohl der Herr als auch der Gesetzgeber in seiner Welt; er ist der König und auch der Richter des Menschen. Wenn wir in unserer Betrachtungsweise also biblisch sein wollen, dann müssen wir die beiden Tatsachen der göttlichen Souveränität und der menschlichen Verantwortung in unserem Denken nebeneinander stehenlassen. Der Mensch ist zweifellos vor Gott verantwortlich, denn Gott ist der Gesetzgeber, der die Pflichten bestimmt, und er ist der Richter, der vom Menschen Rechenschaft darüber verlangt, ob er sie erfüllt hat oder nicht. Daneben aber ist Gott zweifellos der unumschränkte Herrscher über den Menschen, denn wie alles in seinem Universum, so lenkt und bestimmt er auch das menschliche Tun. Die Verantwortung des Menschen für seine Taten und die Souveränität Gottes in bezug auf diese Taten sind also, wie wir feststellten, gleicherweise real.

Der Apostel Paulus stellt uns diese Antinomie zwingend vor Augen, indem er vom Willen Gottes in Verbindung mit diesen beiden scheinbar unvereinbaren Beziehungen des Schöpfers zu seinen menschlichen Geschöpfen spricht, und das alles in einem einzigen, kurzen Brief. Im fünften und sechsten Kapitel des Epheserbriefes bringt er den Wunsch zum Ausdruck, daß seine Leser suchen mögen »zu verstehen, welches der Wille des Herrn ist« (5, 17) und »den Willen Gottes von Herzen zu tun« (6, 6). Das ist der Wille Gottes als Gesetzgeber, der Wille, den der Mensch kennen und erfüllen muß. Im gleichen Sinn schreibt Paulus an die Thessalonicher:

»Das ist der Wille Gottes, eure Heiligung, daß ihr die Unzucht meidet[1].« Im ersten Kapitel des Epheserbriefes spricht Paulus jedoch davon, daß Gott ihn und seine Brüder in Christo vor Grundlegung der Welt »nach dem Ratschluß Seines Willens« (V. 5) erwählt habe; er nennt den Plan Gottes, bei der Erfüllung der Zeiten alles in Christus zusammenzufassen, »das Geheimnis seines Willens« (V. 9); er spricht von Gott selbst als von dem, »der alles nach dem Ratschluß seines Willens wirkt« (V. 11). Hier ist Gottes »Wille« eindeutig sein ewiger Entschluß zur Macht über seine Geschöpfe, der Wille des unumschränkten Herrn der Welt. Und diesen Willen führt er in allem und durch alles aus, was geschieht, selbst in den Übertretungen seines Gesetzes durch den Menschen[2]. Die ältere Theologie trennte diese beiden in den Willen Gottes als Gebot und seinen Willen als Ratschluß, wobei der erste die kundgemachte Erklärung dessen ist, was der Mensch zu tun hat, und der zweite Gottes weitgehend geheim gehaltener Entschluß darüber, was er selbst tun werde. Es besteht ein Unterschied zwischen dem Gebot Gottes und dem Ratschluß Gottes. Das Gebot sagt dem Menschen, wie er sein soll; der Ratschluß legt fest, was er sein wird. Beide Aspekte des Willens Gottes sind Wirklichkeiten, obwohl es für uns unergründlich bleibt, wie sie sich in Gott zueinander verhalten. Das ist der Grund, warum wir von dem unbegreiflichen Gott sprechen.

Unsere Frage ist nun: Angenommen, alles geschieht tatsächlich unter der direkten Herrschaft Gottes, Gott hat die Zukunft durch seinen Beschluß bereits festgelegt und entschieden, wen er erretten wird und wen nicht: welche Auswirkungen hat das auf unsere Pflicht zu evangelisieren?

Diese Frage bewegt heute viele gläubige Christen. Einige glauben an die Souveränität Gottes in der uneingeschränkten und kompromißlosen Art, wie sie — nach unserem Dafürhalten — in der Bibel gebracht wird. Sie fragen sich nun, ob es nicht einen Weg gibt, auf dem sie diesen Glauben bezeugen könnten und sollten, indem sie die Verkündigungsmethoden ändern, die sie von einer Generation mit anderen Glaubensüberzeugungen übernommen haben. Diese Methoden, sagen sie, sind von Menschen erdacht worden, die nicht wie wir an die absolute Souveränität Gottes in der Errettung glauben; sollte man sie nicht schon allein deswegen nicht mehr anwenden? Die an-

---
[1] 1. Thess. 4, 3; vgl. Matth. 7, 21; 12, 50; Joh. 7, 17; 1. Joh. 2, 17 usw.
[2] Siehe z. B. 1. Mose 45, 5 ff; 50, 20. Von Gottes »thelema« in diesem Sinne wird gesprochen in Röm. 1, 10; 15, 32; Off. 4, 11 usw.

deren wiederum, die die Lehre von der göttlichen Souveränität weder genauso auslegen noch ganz so ernst nehmen, fürchten, daß diese neue Forderung des uneingeschränkten Glaubens daran den Tod der Evangelisation bedeutet, denn diese Sicht ist ihrer Meinung nach dazu angetan, jegliches Gefühl für die dringende Notwendigkeit der Verkündigung zu ersticken. Satan wird natürlich alles daransetzen, um die Verkündigung aufzuhalten und die Christen zu entzweien: So versucht er die erste Gruppe dahin zu verleiten, daß sie hemmend und verachtend aller üblichen Verkündigungstätigkeit gegenübersteht, die zweite Gruppe, daß sie beunruhigt und verwirrt alles schwarz sieht, und daß beide schließlich in ihrer Beurteilung des anderen selbstgerecht, bitter und eingebildet werden. Beide Gruppen haben es offensichtlich dringend nötig, auf die listigen Anläufe des Teufels achtzugeben.

Die Frage ist also dringlich. Die Bibel selbst hat sie dadurch ausgelöst, daß sie die Antinomie der zweifachen Beziehung Gottes zum Menschen lehrt, und so wollen wir aus der Bibel auch die Antwort finden. Die biblische Antwort soll in eine negative und eine positive Aussage gekleidet werden:

1. Die Souveränität Gottes in der Gnade beeinträchtigt keine unserer Aussagen über das Wesen und die Pflicht der Verkündigung.

Der hier geltende Grundsatz lautet, daß die uns vorgeschriebene Pflicht und das Maß unserer Verantwortung der offenbare Wille Gottes im Gesetz und nicht sein verborgener Wille für kommende Ereignisse ist. Wir haben unser Leben im Hinblick auf sein Gesetz und nicht nach unseren Vermutungen über seinen Plan einzurichten. Nachdem Mose dem Volk Israel das Gesetz, die Drohungen und Verheißungen des Herrn dargelegt hatte, stellte er diesen Grundsatz auf: »Was noch verborgen ist, steht bei dem Herrn, unserem Gott, was aber offenbar ist, gilt uns . . ., damit wir alle Worte dieses Gesetzes erfüllen[3].« Die Dinge, die Gott bei sich geheimhalten will (z. B. die Anzahl und Personen der Auserwählten und wann oder wie er jemanden zu sich bekehren will), haben mit der Pflicht eines jeden Menschen nichts zu tun. Sie sind in keiner Weise maßgebend für die Auslegung irgendeines Teils des göttlichen Gesetzes. Der Auftrag zur Verkündigung ist nun aber ein Teil des Gebotes Gottes; er gehört zum offenbaren Willen Gottes an sein Volk. Er kann daher nicht im geringsten von irgend etwas beeinträchtigt werden, was

---

[3] 5. Mose 29, 29.

mit unserem Glauben an die Souveränität Gottes in der Erwählung und Berufung zu tun hat. Wir können glauben, daß Gott (wie es im Artikel XVII der Church of England heißt) »durch seinen uns geheimen Ratschluß fest (d. h. unumstößlich) entschieden hat, diejenigen von Fluch und Verdammung zu befreien, die er in Christus aus der Menschheit auserwählt hat, und sie durch Christus zu immerwährender Errettung zu führen als Gefäße der Ehre.« Das aber hilft uns nicht, das Wesen des Missionsauftrags zu bestimmen, noch beeinträchtigt es unsere Pflicht, überall und unterschiedslos die Heilsbotschaft zu verkündigen. Die Lehre von der Souveränität Gottes in der Gnade hat darauf keinen Einfluß. Wir können daher sagen:

a) Der Glaube daran, daß Gott in der Gnade souverän ist, berührt nicht die Notwendigkeit der Verkündigung. Inwieweit wir auch an die Erwählung glauben mögen, die Tatsache bleibt bestehen, daß Verkündigung notwendig ist, weil kein Mensch ohne das Evangelium gerettet werden kann. »Es ist kein Unterschied zwischen Jude und Grieche«, erklärt Paulus, »denn einer und derselbe ist Herr über alle, der reich ist für alle, die ihn anrufen. Denn jeder, der den Namen des Herrn (Jesus Christus) anruft, wird gerettet werden.« Das stimmt. Aber niemand wird gerettet, der nicht den Namen des Herrn anruft, und bevor jemand das tun kann, müssen bestimmte Dinge geschehen. So fährt Paulus fort: »Wie sollen sie nun den anrufen, an den sie nicht glauben? Wie sollen sie aber an den glauben, von dem sie nicht gehört haben? Wie sollen sie aber hören ohne einen, der predigt[4]?« Man muß ihnen von Christus sagen, bevor sie ihm vertrauen können, und sie müssen ihm vertrauen, bevor sie durch ihn gerettet werden können. Die Errettung hängt vom Glauben ab und der Glaube von der Kenntnis der Heilsbotschaft. Gottes Weg, Sünder zu erretten, ist der, daß er sie durch die Verbindung mit dem Evangelium zum Glauben bringt. In der göttlichen Ordnung der Dinge ist daher die Verkündigung eine Notwendigkeit, wenn überhaupt jemand gerettet werden soll.

Wir müssen uns somit klar darüber sein, daß wir, wenn Gott uns in die Verkündigung schickt, als lebendige Glieder in der Kette seines Plans für die Errettung seiner Auserwählten wirken sollen. Die Tatsache, daß er einen solchen Plan hat, der unseres Erachtens souverän ist und nicht durchkreuzt werden kann, bedeutet nicht, daß zu seiner Erfüllung unsere Verkündigung nicht notwendig wäre. In dem

---

[4] Röm. 10, 12 ff.

Gleichnis unseres Herrn wurde die Art und Weise, in der Gäste zu der Hochzeit herangeholt wurden, durch das Handeln der königlichen Diener bestimmt, die weisungsgemäß auf die Straßen hinausgingen und alle einluden, die sie dort antrafen. Als die Vorübergehenden die Einladung hörten, kamen sie[5]. Gleicherweise kommen durch ein ähnliches Handeln der Diener Gottes die Auserwählten zu der Errettung, die der Erlöser für sie errungen hat.

b) Der Glaube daran, daß Gott in der Gnade souverän ist, beeinträchtigt nicht die Dringlichkeit der Verkündigung. Inwieweit wir auch an die Erwählung glauben mögen, die Tatsache bleibt bestehen, daß Menschen ohne Christus verloren sind und der Hölle verfallen. »Wenn ihr nicht Buße tut«, sagte unser Herr zu der Menschenmenge, »werdet ihr alle . . . . gleicherweise umkommen[6].« Und wir, die wir Christus gehören, sind hinausgesandt, ihnen von dem Einen zu sagen, dem Einzigen, der sie vom Untergang retten kann. Ist ihre Not nicht dringend? Wenn ja, wird dadurch für uns die Verkündigung nicht zu einer vordringlichen Sache? Wenn wir einen schlafenden Menschen in einem brennenden Haus wüßten, würden wir uns dringend beeilen und versuchen, zu ihm zu gelangen, ihn zu wecken und herauszubringen. Die Welt ist voll von Menschen, die sich dessen nicht bewußt sind, daß sie unter dem Zorn Gottes stehen. Ist es da nicht gleichermaßen dringend, daß wir zu ihnen gehen, sie zu wecken versuchen und ihnen den Weg des Entrinnens zeigen?

Wir sollten uns nicht von dem Gedanken zurückhalten lassen, daß sie, wenn sie nicht erwählt sind, uns nicht glauben, und unsere Bemühungen, sie zu bekehren, fehlschlagen werden. Das stimmt zwar, aber das ist nicht unsere Sache und sollte für unser Handeln ohne Bedeutung sein. Erstens ist es immer falsch, Gutes zu unterlassen aus Angst, es könnte nicht anerkannt werden. Zweitens sind die Nichterwählten auf dieser Erde für uns Menschen ohne Erkennungszeichen. Wir wissen zwar, daß es sie gibt, aber wir können nicht wissen, wer sie sind, und es ist ebenso nutzlos wie vermessen, wenn wir versuchen wollten, es herauszufinden. Drittens sind wir als Christen nicht dazu berufen, Gottes Auserwählte, und nur sie allein, zu lieben, sondern wir sollen unseren Nächsten lieben, ganz gleich, ob er auserwählt ist oder nicht. Es liegt im Wesen der Liebe, Gutes zu tun und Not zu lindern. Ist unser Mitmensch also unbekehrt, sollen wir ihm, so gut wir nur können, Liebe erweisen, indem

---

[5] Matth. 22, 1 ff.
[6] Luk. 13, 3.5.

wir ihm die frohe Botschaft mitteilen, ohne die er verloren ist. So sehen wir Paulus »jeden Menschen[7]« warnen und unterweisen, nicht nur, weil er ein Apostel war, sondern weil jeder sein Nächster war. Der Maßstab für die Dringlichkeit unserer Verkündigung ist die Größe der Not unseres Nächsten und die Unmittelbarkeit seiner Gefahr.

c) Der Glaube daran, daß Gott in der Gnade souverän ist, beeinträchtigt nicht die Echtheit der biblischen Aufforderungen oder die Wahrheit der Verheißungen des Evangeliums. Inwieweit wir auch an die Erwählung und in diesem Zusammenhang an das Ausmaß der Versöhnung glauben mögen, die Tatsache bleibt bestehen, daß Gott im Evangelium Christus wirklich anbietet und Rechtfertigung und Leben verheißt »jedem, der da will«. »Jeder, der den Namen des Herrn anruft, wird gerettet werden[8].« Wie Gott alle Menschen überall zur Buße ruft, so lädt er sie auch alle ein, zu Christus zu kommen und Erbarmen zu erlangen. Diese Einladung gilt nur Sündern, doch für sie alle ohne Ausnahme; sie ist nicht nur für Sünder einer bestimmten Sorte gedacht, für umgestaltete Sünder oder solche, deren Herz auf Grund eines bestimmten Mindestmaßes an Sündentrauer bereits vorbereitet ist, sondern für Sünder ganz allgemein, so wie sie sind.

Die Tatsache, daß die Einladung des Evangeliums frei und unbegrenzt ist, zeigt die Herrlichkeit der Botschaft als einer Offenbarung göttlicher Gnade.

Es ist ein erhebender Augenblick bei der Abendmahlsfeier der anglikanischen Kirche, wenn der Pfarrer die Trostworte spricht. Zuerst bekennt die Gemeinde mit eindringlichen Worten ihre Sünden vor Gott: »Unsere mannigfaltigen Sünden und unsere Bosheit ... erregen mit Recht deinen Zorn ... ihre Last ist unerträglich. Erbarme dich unser, erbarme dich unser ...« Dann wendet sich der Pfarrer zur Gemeinde um und verkündigt die Verheißungen Gottes: »Hört die tröstlichen Worte, die unser Heiland Jesus Christus allen zuruft, die sich aufrichtig zu ihm wenden: Kommet her zu mir alle, die ihr mühselig und beladen seid, so will ich euch Ruhe geben. So sehr hat Gott die Welt geliebt, daß er seinen einzigen Sohn gab, damit jeder, der an ihn glaubt, nicht verlorengehe, sondern ewiges Leben habe. Hört auch, was der Apostel Paulus sagt: Zuverlässig ist das Wort und aller Annahme wert, daß Christus Jesus in die Welt ge-

---

[7] Kol. 1, 28.
[8] Röm. 10, 13.

kommen ist, um Sünder zu retten. Hört desgleichen, was Johannes sagt: Wenn jemand sündigt, haben wir einen Beistand beim Vater, Jesus Christus, den Gerechten. Er ist das Sühneopfer für unsere Sünden[9].«

Inwiefern sind diese Worte tröstlich? Weil sie Worte Gottes und damit wahr sind. Sie sind der Kern des Evangeliums. Es sind die Verheißungen und Zusicherungen, auf die die Christen, die zum Tisch des Herrn gehen, bauen sollten. Es sind die Worte, die das Sakrament bestätigen. Wir wollen sie sorgfältig betrachten, zunächst einmal ihrem Gehalt nach. Die in ihnen enthaltenen Glaubenswahrheiten sind nicht bloße Orthodoxie oder bloße Lehre über den Sühnetod Christi. Sie sind mehr als das. Sie sind der lebendige Christus selbst, der vollkommene Erlöser der Sünder, der in sich die ganze Kraft seines vollendeten Werkes am Kreuz trägt. »Kommet her zu mir ... Er ist das Sühneopfer für unsere Sünden.« Diese Verheißungen lenken unser Vertrauen nicht auf die Kreuzigung als Abstraktum, sondern auf ihn selbst, der die Erlösung vollbrachte. Zum anderen wollen wir auf das Allumfassende dieser Verheißungen achten. Sie bieten Christus allen denen an, die ihn brauchen, allen, die sich aufrichtig ihm zuwenden, jedem Menschen, der gesündigt hat. Niemand ist von der Barmherzigkeit ausgeschlossen außer denjenigen, die sich durch Unbußfertigkeit und Unglauben selbst ausschließen. Einige befürchten, daß eine Lehre von ewiger Erwählung und Verdammung die Möglichkeit einschließt, daß Christus etliche von denen, die ihn annehmen möchten, nicht annimmt, weil sie nicht auserwählt sind. Die Trostworte der neutestamentlichen Verheißungen schließen diese Möglichkeit jedoch absolut aus. Unser Herr versichert nachdrücklich und bestimmt: »Wer zu mir kommt, den werde ich niemals hinausstoßen[10].« Es stimmt, daß Gott von Ewigkeit her die erwählt hat, die er retten wird. Es ist wahr, daß Christus kam, um die zu erretten, die der Vater ihm gegeben hatte. Aber ebenso stimmt es auch, daß Christus sich allen Menschen uneingeschränkt als Heiland anbietet und zusichert, jeden in die himmlische Herrlichkeit zu bringen, der sich ihm anvertraut. Wir sehen, wie er selbst diese beiden Gedanken in der folgenden Textstelle absichtlich nebeneinanderstellt:

»Ich bin aus dem Himmel herabgekommen, nicht um meinen Willen auszuführen, sondern den Willen dessen, der mich gesandt hat. Das aber ist der Wille dessen, der mich gesandt hat, daß ich von allem,

---
[9] Matth. 11, 28; Joh. 3, 16; 1. Tim. 1, 15; 1. Joh. 2, 1.
[10] Joh. 6, 37.

was er mir gegeben hat, nichts verlorengehen lasse, sondern es am jüngsten Tage auferwecke. Denn das ist der Wille meines Vaters, daß jeder, der den Sohn sieht und an ihn glaubt, ewiges Leben habe, und ich werde ihn am jüngsten Tage auferwecken[11].« — »Von allem dem, was er mir gegeben hat« — hierin ist die Rettung durch Christus bezogen auf den Kreis der Auserwählten, für die er gekommen ist. — »Jeder, der den Sohn sieht und an ihn glaubt« — hierin ist die Rettung durch Christus bezogen auf alle verlorenen Menschen, für die er ohne Unterschied da ist, und er errettet wirklich jeden, der an ihn glaubt. Die beiden Wahrheiten stehen in diesen Versen nebeneinander, und so ist es richtig. Sie gehören zusammen, sie gehen Hand in Hand miteinander. Keine stellt die andere in Zweifel, und daher sollte keine von beiden unser Denken so beherrschen, daß sie die andere ausschließt. Christus meint es so, wie er es sagt, und dies gilt sowohl für seinen Auftrag, alle diejenigen zu erretten, die sich ihm anvertrauen, als auch alle jene, die sein Vater ihm gegeben hat.

So ist es dem Puritaner John Owen, der sowohl die bedingungslose Erwählung als auch die begrenzte Versöhnung verteidigte, möglich, ja es drängte ihn geradezu, den Unbekonvertierten Folgendes zu sagen: »Seht doch die grenzenlose Herablassung und Liebe Christi darin, wie er euch einlädt und ruft, zu ihm zu kommen, um Leben, Freiheit, Erbarmen, Gnade, Frieden und ewige Errettung zu erlangen... Im Bekennen und Verkündigen dieser Wahrheiten steht Jesus Christus noch heute vor den Sündern und ruft sie, lädt sie ein und ermutigt sie, zu ihm zu kommen.

Und hier spricht er nun zu euch: ›Warum wollt ihr sterben? Warum wollt ihr umkommen? Warum wollt ihr kein Mitleid mit eurer eigenen Seele haben? Kann euer Herz standhalten oder können eure Hände stark sein, wenn der Tag des Zorns hereinbricht?... Schaut auf mich und laßt euch retten; kommt zu mir, und ich will euch freimachen von aller Sünde, allem Kummer, aller Angst, allen Lasten, und eurer Seele Frieden schenken. Kommt her, ich bitte euch! Laßt alles Zaudern und Zögern sein, laßt mich nicht länger warten! Die Ewigkeit steht vor der Tür..., laßt euch nicht vom Haß gegen mich so sehr bestimmen, daß ihr lieber untergeht als die Befreiung durch mich anzunehmen!‹

Diese und ähnliche Dinge läßt der Herr Christus immerfort verkündigen, bekanntmachen, bitten und den Sündern auf die Seele bin-

---

[11] Joh. 6, 38 ff.

den... Er tut das durch die Predigt seines Wortes, als ob er selbst gegenwärtig wäre, unter euch stünde und mit jedem von euch persönlich spräche... Er hat die Prediger des Evangeliums berufen, um vor euch zu erscheinen und als seine Stellvertreter mit euch zu verhandeln. Er bekennt sich zu seinen Einladungen, die in seinem Namen an euch ergehen, 2. Kor. 5, 19, 20[12].«

Und so ist es. Die Einladungen Christi sind Worte Gottes. Sie sind wahr. Sie sind ernst gemeint. Es sind wahrhaftige Einladungen, und sie müssen den Unbekehrten als solche zwingend nahegebracht werden. Nichts, was mit unserem Glauben an die Souveränität Gottes in der Gnade zusammenhängt, ändert daran etwas.

d) Der Glaube daran, daß Gott in der Gnade souverän ist, berührt nicht die Verantwortung des Sünders für seine Antwort auf die Heilsbotschaft. Inwieweit wir auch an die Erwählung glauben mögen, die Tatsache bleibt bestehen, daß jemand dadurch, daß er Christus abweist, seine eigene Verdammnis verschuldet. Unglaube ist in der Bibel eine Schuld, und Ungläubige können sich nicht damit entschuldigen, daß sie nicht zu den Auserwählten gehören. Dem Ungläubigen wurde im Evangelium das Leben angeboten, und er hätte es haben können, wenn er nur gewollt hätte. Er allein ist dafür verantwortlich, daß er es ablehnte und nun die Folgen dieser Ablehnung tragen muß. »Überall in der Schrift«, so schreibt Bischof J. C. Ryle, »ist es ein leitender Grundsatz, daß der Mensch seine Seele verlieren kann, daß es, wenn er verlorengeht, schließlich seine eigene Schuld ist und sein Blut über ihn selbst kommen wird. Die gleiche, vom Geist Gottes eingegebene Bibel, die uns diese Lehre von der Erwählung offenbart, enthält auch die Worte ›Warum wollt ihr denn sterben, Haus Israel?‹ — ›Ihr wollt nicht zu mir kommen, um Leben zu haben.‹ — ›Darin aber besteht das Gericht, daß das Licht in die Welt gekommen ist, und die Menschen liebten die Finsternis mehr als das Licht; denn ihre Werke waren böse.‹ (Hes. 18, 31; Joh. 5, 40; 3, 19.) Die Bibel sagt an keiner Stelle, daß Sünder den Himmel verfehlen, weil sie nicht auserwählt sind, sondern weil sie die großartige Errettung mißachten und nicht umkehren und glauben wollen. Das Jüngste Gericht wird einmal vielfältig zeigen, daß nicht die mangelnde Erwählung durch Gott, vielmehr die Trägheit, die Liebe zur Sünde, der Unglaube und die Weigerung, zu Christus zu kommen, es sind, die die Seele derer verderben, die verloren sind[13].« Gott gibt den Menschen das,

---

[12] Aus: »The Glory of Christ« [Works, ed. W. Goold, 1850, I. 422].
[13] Aus: »Old Paths«, Seite 468.

was sie wählen, und nicht das Gegenteil. Wer also den Tod wählt, hat es sich selbst zu verdanken, wenn Gott ihm nicht das Leben gibt. Die Lehre von der göttlichen Souveränität ändert an dem allen nichts.

Soweit die erste und negative Aussage.

Die zweite Aussage ist positiv.

2. *Allein die Souveränität Gottes in der Gnade gibt uns Zuversicht, daß unsere Verkündigung Frucht wirkt.* Einige fürchten, der Glaube an die souveräne Gnade Gottes führe zu der Schlußfolgerung, daß Evangelisation zwecklos sei, da Gott seine Auserwählten ja doch erretten wird, ob sie nun das Evangelium hören oder nicht. Wie wir festgestellt haben, handelt es sich hier um einen falschen Schluß, der auf einer falschen Voraussetzung basiert. Darüber hinaus aber gilt es jetzt zu zeigen, daß gerade das Gegenteil wahr ist. Weit davon entfernt, die Verkündigung zwecklos zu machen, ist die Souveränität Gottes in der Gnade gerade das, was die Verkündigung davor bewahrt, nutzlos zu sein. Sie schafft nämlich die Möglichkeit, ja die Gewißheit, daß die Verkündigung fruchtbringend sein wird. Anders bestünde nicht einmal die Möglichkeit einer wirksamen Verkündigung. Gäbe es nicht die souveräne Gnade Gottes, so wäre Verkündigung die nichtigste und nutzloseste Sache von der Welt, und es gäbe keine größere Zeitverschwendung auf dieser Erde, als die christliche Botschaft zu predigen.

Worin liegt das begründet? In der geistlichen Unfähigkeit des Menschen, der in Sünden gefangen ist. Paulus, der größte aller Evangelisten, soll uns dies erklären. Der gefallene Mensch, sagt Paulus, hat einen verblendeten Geist und ist unfähig, geistliche Wahrheit zu erfassen. »Ein natürlicher (ungeistlicher, nicht wiedergeborener) Mensch nimmt die Dinge, die des Geistes Gottes sind, nicht an; denn Torheit sind sie ihm, und er kann sie nicht erkennen, weil sie geistlich wahrgenommen werden müssen[14].« Er hat ein verkehrtes, gottloses Wesen. »Das Trachten des Fleisches (das Trachten des von Gottes Geist nicht erneuerten Menschen) ist Feindschaft gegen Gott, denn es unterwirft sich dem Gesetz Gottes nicht; es vermag das ja auch nicht.« Und was folgt daraus? »So können denn die fleischlich gerichteten Menschen Gott nicht gefallen[15].« In diesen beiden Textstellen macht Paulus zwei ganz verschiedene Aussagen über den gefallenen Menschen in seiner Beziehung zur Warheit Gottes; die Gedankenfolge läuft in beiden Fällen parallel. Zunächst zeigt Paulus

---

[14] 1. Kor. 2, 14.
[15] Röm. 8, 7 f.

das Versagen des nicht wiedergeborenen Menschen als eine selbstverständliche Tatsache auf. Er »nimmt die Dinge, die des Geistes Gottes sind, nicht an«, er »unterwirft sich dem Gesetz Gottes nicht«. Dann aber erklärt Paulus seine erste Aussage durch eine zweite dahingehend, daß dieses Versagen eine zwangsläufige Folgeerscheinung aus dem Wesen ist, eine ausgemachte, unvermeidbare, allumfassende und unabänderliche Tatsache, weil der Mensch einfach nicht anders kann als hierin versagen. »Er kann sie nicht erkennen« — »er vermag das ja auch nicht.« Die Adamsnatur des Menschen ist nicht fähig, geistliche Realitäten zu erfassen oder Gottes Gesetz von Herzen zu befolgen. Feindschaft gegen Gott, die zum Abfall von Gott führt, ist das Gesetz seiner Natur. Er muß sozusagen instinktmäßig die Wahrheit Gottes unterdrücken, umgehen und leugnen; er muß die Autorität Gottes abschütteln und das göttliche Gesetz verachten, ja selbst dem Evangelium gegenüber Unglaube und Ungehorsam zeigen. So ist das wahre Wesen des Menschen. Paulus sagt, er ist »tot durch Übertretungen und Sünden[16]«, von sich aus vollkommen unfähig zu einer positiven Reaktion auf das Wort Gottes, unzugänglich für die Annäherungsversuche Gottes.

Damit noch nicht genug. Paulus sagt uns ferner, daß Satan, dessen Macht und Bosheit er niemals unterschätzt, beständig darauf hinarbeitet, die Sünder in ihrem natürlichen Zustand zu belassen. Satan »ist jetzt wirksam in den Söhnen des Ungehorsams[17]«, um zu erreichen, daß sie dem Gesetz Gottes nicht gehorchen. Und »der Gott dieser Welt hat die Gedanken der Ungläubigen verblendet, damit sie nicht schauen könnten die Erleuchtung durch das Evangelium von der Herrlichkeit Christi[18]«. Es bestehen also damit zwei Hindernisse auf dem Weg der erfolgreichen Verkündigung: erstens der natürliche und unwiderstehliche Drang des Menschen, sich Gott zu widersetzen, und zweitens Fleiß und Ausdauer Satans, den Menschen auf dem Weg des Unglaubens und Ungehorsams zu halten.

Was besagt dies nun für die Verkündigung? Es bedeutet ganz einfach, daß Verkündigung ohne Gottes souveränes Wirken schlechterdings keinen Erfolg haben kann. Wie klar und überzeugend wir auch die Heilsbotschaft darbringen mögen, es besteht doch keinerlei Hoffnung, auch nur einen Menschen zu überzeugen oder zu bekehren. Könnte denn irgend jemand von uns allen Ernstes die Macht Satans

---
[16] Eph. 2, 1.
[17] Eph. 2, 2.
[18] 2. Kor. 4, 4.

über das Leben eines Menschen brechen? Niemals! Könnte irgend jemand von uns den geistlich Toten Leben einhauchen? Nein! Besteht Hoffnung, daß wir durch geduldiges Erklären die Sünder von der Wahrheit des Evangeliums überzeugen können? Keinesfalls! Dürfen wir hoffen, die Menschen durch unser Bitten und Flehen zum Gehorsam dem Evangelium gegenüber zu bewegen? Nein! Unsere Betrachtungen über die Verkündigung bleiben unrealistisch, solange wir dieser überwältigenden Tatsache nicht ins Auge sehen und entsprechend erschüttert wurden. Wenn ein Lehrer den Kindern das Rechnen oder die Grammatik beizubringen versucht und diese etwas begriffsstutzig sind, dann sagt er sich, daß der Groschen ja früher oder später einmal fallen muß, und macht sich somit selbst Mut, es weiter zu versuchen. Die meisten von uns können große Geduld aufbringen, wenn einige Hoffnung darauf besteht, daß unsere Versuche doch schließlich zum Erfolg führen. Bei der Verkündigung aber besteht eine solche Aussicht nicht. Menschlich gesehen ist die Verkündigung ein hoffnungsloses Unterfangen. Die ersehnte Wirkung kann im Grunde nicht erzielt werden. Wir können predigen, die Botschaft klar, gewandt und fesselnd bringen, wir können mit einzelnen Menschen sehr zentrale, anregende Gespräche führen, wir können besondere Zusammenkünfte arrangieren, können Traktate verteilen, Plakate anbringen und das Land mit werbenden Einladungen überfluten — und doch besteht nicht die geringste Aussicht darauf, daß dieser ganze Aufwand einen einzigen Menschen heim zu Gott bringen wird. Wenn nicht ein anderer Faktor hinzukommt, der über allen unseren eigenen Bemühungen steht, ist unsere ganze Verkündigungsarbeit von vornherein zum Scheitern verurteilt. Diese grundlegende, ungeschminkte Tatsache müssen wir uns vor Augen halten.

Dies ist meines Erachtens der Krebsschaden, der die Verkündigung in gläubigen Kreisen heutzutage wirklich schwächt. Alle sind sich darin einig, daß unsere Verkündigung irgendwie krankt, aber über die Art der Krankheit oder die Mittel zur Heilung besteht keine Übereinstimmung. Wie bereits festgestellt, sehen einige das Grundübel darin, daß gegenwärtig vielerorts der Glaube an die Souveränität der göttlichen Gnade neu wiedererteht, ein Glaube, der seinen Ausdruck findet in der erneuten Betonung der Lehren von der freien Erwählung und wirksamen Berufung. Ihrer Ansicht nach kann Abhilfe dadurch geschaffen werden, daß man versucht, diese Lehren zu widerlegen oder zu unterdrücken und die Menschen davon abzubringen, sie ernst zu nehmen. Da jedoch so viele der großen Evangelisten und Missionare der Vergangenheit gerade diese Lehren vertreten haben, ist es zumindest nicht einleuchtend, daß diese Diagnose richtig oder die vorgeschlagene Abhilfe geeignet ist. Außerdem scheint festzustehen, daß die Verkündigung bereits zwischen den beiden Weltkriegen, also lange bevor diese neuerliche Betonung der allmächtigen Gnade Gottes aufkam, erlahmte. Andere wiederum, wie wir auch bereits zeigten, scheinen das Übel in der Art der Evangelisationsversammlungen zu suchen, wie sie üblich geworden sind; sie meinen, unsere Verkündigung bekäme ganz von selbst neue Kraft, wenn wir eine gewisse lässige Heiterkeit daraus verbannten, sie ernster gestalteten und Aufrufe zur Entscheidung, seelsorgerliche Beratungszimmer und Nachversammlungen abschafften. Aber auch das ist nicht ganz einzusehen. Meines Erachtens liegen die Wurzeln der Schwierigkeiten bei unserer Verkündigung heute tiefer, als jede dieser beiden Vermutungen angibt. Der wirkliche Grund für dieses Gefühl, daß es bei der Evangelisation an irgend etwas fehlt, ist meiner Ansicht nach eine weitverbreitete Ernüchterungsneurose, eine nicht eingestandene Entmutigung, die eine Folge der Tatsache ist, daß man sich lange Zeit nicht bewußt war, daß die Verkündigung als rein menschliches Unternehmen fehlschlagen muß. Ich will das näher erläutern.

Etwa ein Jahrhundert lang war es für »konservative« Christen bezeichnend – ob zu Recht oder Unrecht soll hier nicht erörtert werden –, daß sie annahmen, evangelistische Verkündigung sei eine besondere Betätigung, die am besten in der Form von kurzen und gezielten »Evangelisationen« oder »Missionsfeldzügen« durchgeführt und für deren erfolgreiche Abwicklung eine bestimmte Methode sowohl für die Predigt als auch für die Einzelarbeit für nötig befunden wurde. Anfänglich nahmen diese Christen sogar an, daß die Verkündigung auf jeden Fall Erfolg habe, wenn dafür nur regelmäßig gebetet werde und alles korrekt verlaufe, d. h. wenn eine bestimmte Technik angewendet werde. Dies lag darin begründet, daß damals unter Männern wie Moody, Torrey, Haslam, Hay Aitken und Elias Schrenk Evangelisationsfeldzüge gewöhnlich erfolgreich waren, nicht deswegen, weil sie korrekt vorbereitet und durchgeführt wurden – nach heutigen Maßstäben waren sie es sehr oft nicht –, sondern weil Gott zu jener Zeit auf eine Weise wirkte, wie er es offensichtlich heute nicht mehr tut. Aber selbst damals stellte man fest, daß eine zweite Evangelisation am gleichen Ort selten so ergiebig war wie die erste, oder die dritte nicht so ergiebig wie die zweite. Während der letzten fünfzig Jahre jedoch, in denen sich unsere Länder immer mehr von ihrer christlichen Verankerung lösten, ist das Gesetz der rückläufigen Ertragsbilanz sehr viel stärker in Erscheinung getreten. Die Evangelisationsfeldzüge sind immer fruchtloser geworden, und diese Tatsache hat uns entmutigt.

Warum aber hat sie uns entmutigt? Weil wir darauf nicht vorbereitet waren. Es war uns zur Selbstverständlichkeit geworden, daß gute Organisation und eine wirksame Methode, unterstützt durch gewohnheitsmäßige Fürbitte, schon ausreichen, den Erfolg zu garantieren. Wir meinten, eine solche Sonderveranstaltung mit ihrem speziellen Chor, Solisten und Prediger besitze eine fast magische Anziehungskraft. Wir waren fest davon überzeugt, daß eine intensive Evangelisation immer Leben in eine tote Gemeinde oder eine tote Stadt bringen würde. Nach außen hin denken viele von uns noch so oder geben vor, dieser Ansicht zu sein. Wir bestärken einander in dieser Meinung und machen danach unsere Pläne. Im Grunde unseres Herzens aber sind wir mutlos, enttäuscht und besorgt. Früher haben wir gedacht, eine wohlvorbereitete Verkündigung müsse unbedingt Erfolg haben, doch jetzt fürchten wir jedesmal, daß sie fehlschlägt wie schon so oft zuvor. Und doch wollen wir uns unsere Angst nicht eingestehen, denn wir wissen nicht, was wir tun sollen, wenn unsere geplante Evangelisation mißlingt. So unterdrücken wir unsere Angst, unsere Enttäuschung wird zu einer lähmenden Neurose und unsere Verkündigungsarbeit zu einer müden Routinesache. Im Grunde genommen sind unsere nicht zugegebenen Zweifel, ob sich unser Tun überhaupt lohne, daran schuld.

Warum aber zweifeln wir? Weil wir mutlos geworden sind. Und wie ist das gekommen? Durch das wiederholte Versagen der Verkündigungsmethoden, in die wir einst so großes Vertrauen setzten. Wie aber kann man dieser Mutlosigkeit begegnen? Erstens müssen wir unsere Unwissenheit einsehen, die annehmen konnte, daß irgendeine auch noch so geschickte Verkündigungsmethode als solche schon Bekehrungen garantiere; zweitens müssen wir erkennen, daß es gar nicht erstaunlich ist, wenn unsere Verkündigung sehr oft keine Bekehrungen bewirkt, weil eben das menschliche Herz von sich aus für das Wort Gottes nicht zugänglich ist. Drittens müssen wir uns daran erinnern, daß wir dazu gerufen sind, treu zu sein und nicht erfolgreich, und viertens müssen wir es lernen, alle unsere Hoffnungen auf Frucht unserer Verkündigung auf die allmächtige Gnade Gottes zu setzen.

Denn Gott kann schaffen, was Menschen nicht können. Gott wirkt mit seinem Geist durch sein Wort in den Herzen sündiger Menschen und bringt sie zu Buße und Glauben. Der Glaube ist ein Geschenk von Gott. »Euch ist in eurem Christenstand die Gnade zuteil geworden ... an Christus zu glauben[19]«, schreibt Paulus an die Philipper. »Durch die Gnade seid ihr gerettet worden auf Grund des Glaubens«, sagt er den Ephesern, »und zwar nicht aus euch, nein, Gottes Geschenk ist es[20].« So ist auch die Buße ein Geschenk Gottes. »Diesen (Christus) hat Gott durch seine rechte Hand zum Anführer und Retter erhöht, um Israel Buße und Vergebung der Sünden zu verleihen[21]«, sagte Petrus im Hohen Rat. Als die Gemeinde in Jerusalem hörte, wie Petrus ausgesandt worden war, um Kornelius das Evangelium zu verkündigen, und wie Kornelius dann zum Glauben gekommen war, sagten sie: »So hat Gott also auch den Heiden die Buße zum Leben verliehen[22].« Wir können durch unsere Worte allein Sünder nicht zur Buße und zum Glauben an Christus bringen, sondern Gott wirkt Glauben und Buße in den Herzen der Menschen durch seinen Heiligen Geist.

Paulus nennt dieses Wirken Gottes »Berufung«. Die Theologen früherer Zeit nannten es »wirksame Berufung« im Gegensatz zum wirkungslosen Ruf, der immer dann vorliegt, wenn das Evangelium einem Menschen verkündigt wird, in dessen Herz Gott sein Wort nicht selbst bestätigt. Es ist jener Vorgang, durch den Gott die Sünder dahin bringt, die Aufforderung des Evangeliums zu verstehen und zu befolgen. Es ist dies ein Wirken schöpferischer Kraft: Gott gibt den Menschen ein neues Herz, befreit sie von der Sündensklaverei, nimmt ihnen ihre Unfähigkeit, Gottes Wahrheit zu erkennen und zu tun, und bringt sie schließlich dahin, sich Gott zuzuwenden und Christus als ihrem Heiland zu vertrauen. Gott bricht durch diesen Vorgang auch die Macht Satans über diese Menschen, indem er sie von der Herrschaft der Finsternis befreit und sie in das »Reich seines lieben Sohnes[23]« versetzt. Es ist somit eine Berufung, die selbst die Antwort wirkt, welche sie anstrebt, und die den Segen austeilt, zu

---
[19] Phil. 1, 29.
[20] Eph. 2, 8. Ob sich in dieser Textstelle das Geschenk Gottes auf den Akt des Glaubens oder auf die Tatsache bezieht, durch den Glauben gerettet zu sein (die Meinungen der Kommentatoren gehen hier auseinander), ist ohne Einfluß auf unsere Aussage.
[21] Apg. 5, 31.
[22] Apg. 11, 18.
[23] Kol. 1, 13.

dem sie einlädt. Sie wird oft als das Werk »göttlicher Gnade« bezeichnet, weil sie jeder auf Gott hin gerichteten Bewegung im Herzen des sündigen Menschen vorausgeht. Sie wurde — vielleicht irreführend — ein Werk der »unwiderstehlichen Gnade« genannt, und zwar einfach deshalb, weil sie den Hang, der Gnade zu widerstehen, wirksam zerstört. Die *Westminster Konfession* bezeichnet sie als eine Tat Gottes in und an gefallenen Menschen, »wodurch sie zum Heile geistlich erleuchtet werden, um die Dinge Gottes zu verstehen; ihr steinernes Herz wird fortgenommen und ein fleischernes Herz ihnen gegeben; ihr Wille wird erneuert, und durch seine allmächtige Kraft werden sie zum Guten hin gelenkt; sie werden mit großer Macht zu Jesus Christus hingezogen und doch so, daß sie freiwillig kommen; seine Gnade hat sie dazu willig gemacht[24].« Christus selbst hat die allumfassende Notwendigkeit dieser Berufung durch das Wort und den Geist gelehrt. »Niemand kann zu mir kommen, es ziehe ihn denn der Vater, der mich gesandt hat[25].« Ebenso lehrte er ihre allumfassende Wirksamkeit. »Jeder, der vom Vater her gehört und gelernt hat, kommt zu mir[26].« Und damit hat er gleichzeitig ihre allumfassende Gewißheit gelehrt für alle diejenigen, die Gott erwählt hat. »Alles, was mir der Vater gibt, wird zu mir kommen[27]«: Sie werden von mir hören und bewegt werden, mir zu vertrauen. Das ist die Absicht des Vaters und die Verheißung des Sohnes.

Paulus spricht von dieser »wirksamen Berufung« als der Durchführung des göttlichen Plans der Erwählung. Er sagt den Römern: »Die (Gott) zum voraus ersehen hat, die hat er auch vorherbestimmt, gleichgestaltet zu sein dem Bilde seines Sohnes ... die er aber vorherbestimmt hat, die hat er auch berufen; und die er berufen hat, die hat er auch gerechtgesprochen; die er aber gerechtgesprochen hat, denen hat er auch die himmlische Herrlichkeit geschenkt[28].« An die Thessalonicher schreibt er: »Gott hat euch von Anfang an erwählt zum Heil in der Heiligung durch den Geist und im Glauben an die Wahrheit, wozu er euch auch berufen hat durch unser Evangelium, damit ihr die Herrlichkeit unseres Herrn Jesus Christus erlangt[29].«

---

[24] Westminster Bekenntnis, X, 1; vgl. 2. Kor. 4, 6; 1. Kor. 2, 10 ff; Hes. 36, 26 f; Joh. 6, 44 f; Phil. 2, 13.
[25] Joh. 6, 44.
[26] V. 45.
[27] V. 37.
[28] Röm. 8, 29 f.
[29] 2. Thess. 2, 13 f.

Der Urheber dieses Rufes, so sagt uns der Apostel, ist Gott, die Art der Berufung geschieht durch das Evangelium, und die Bestimmung dieses Rufes ist ein Anrecht auf die Herrlichkeit.

Wenn das aber so ist, dann erkennen wir sofort, warum sich Paulus, der die Tatsache der Versklavung des gefallenen Menschen unter Sünde und Satan so handgreiflich vor Augen hatte, von dieser Enttäuschung und Entmutigung freihalten konnte, die uns heute befällt, wenn uns immer deutlicher aufgeht, daß die Verkündigung, menschlich gesprochen, ein aussichtsloses Unternehmen ist. Der Grund dafür war, daß Paulus sein Augenmerk beständig auf die Souveränität Gottes in der Gnade richtete. Er wußte, daß Gott lange zuvor erklärt hatte: »Mein Wort, das aus meinem Munde kommt: es kehrt nicht leer zu mir zurück, sondern wirkt, was ich beschlossen, und führt durch, wozu ich es gesendet[30].« Er wußte, daß dies für das Evangelium nicht weniger zutraf als für jedes andere göttliche Wort. Er wußte daher auch, daß seine eigene Verkündigung der frohen Botschaft auf die Dauer nicht ohne Frucht bleiben würde. Gott würde dafür sorgen. Er wußte, daß dort, wo immer auch das Wort des Evangeliums hingelangt, Gott die Toten auferwecken würde. Er wußte, daß sich das Wort bei einigen, die es hören, als ein Vorgeschmack vom Leben erweisen würde. Dieses Wissen machte ihn vertrauend, unermüdlich und erwartungsvoll in seiner Verkündigung. Und wenn bisweilen schwere Zeiten kamen mit viel Opposition und wenig sichtbarer Frucht, dann bekam er keine Angst oder wurde mutlos. Er wußte ja: Wenn Christus ihm die Tür geöffnet hatte, um das Evangelium an einem Ort bekanntzumachen, dann bedeutete dies, daß Christus dort Sünder zu sich ziehen wollte. Das Wort würde nicht leer zurückkehren. Seine Aufgabe war es daher, geduldig und treu die frohe Botschaft zu verkündigen, bis die Erntezeit kommen würde.

Es gab in Korinth eine Zeit, die schwer war. Es hatten sich wohl einige bekehrt, aber der Widerstand wurde immer größer, so daß sich selbst der unerschrockene Paulus fragte, ob es sich lohnte, dort weiter zu bleiben. »Aber der Herr«, so hören wir, »sprach in der Nacht durch ein Gesicht zu Paulus. Fürchte dich nicht, sondern rede, und schweige nicht! Denn ich bin mit dir, und niemand wird dich antasten, um dir Böses zuzufügen; denn ich habe viel Volk in dieser Stadt[31].« Als sollte damit gesagt werden: Predige und lehre weiter,

---

[30] Jes. 55, 11.
[31] Apg. 18, 9 f.

Paulus, und laß dich durch nichts daran hindern. Es sind hier viele Menschen, die ich durch dein Bezeugen meines Evangeliums zu mir ziehen will.« Dies bestätigt die Betonung, die Lukas auf die vorherbestimmte Wahl Gottes legt«, kommentiert Rackham[32]. Diese Betonung durch Lukas spiegelt die Überzeugung des Paulus wider, die sich gründet auf Jesu eigene Zusicherung an ihn. So gab die Souveränität Gottes in der Gnade Paulus die Hoffnung auf Erfolg, wenn er tauben Ohren predigte, blinden Augen Christus zeigte und steinerne Herzen zu bewegen suchte. Er vertraute darauf, daß Christus dort, wohin er das Evangelium schickt, auch sein Volk hat, das zwar gegenwärtig durch die Ketten der Sünde festgeschmiedet, aber dennoch dazu bestimmt ist, zum festgesetzten Zeitpunkt durch eine machtvolle Erneuerung ihrer Herzen befreit zu werden, wenn das Licht der frohen Botschaft in ihre Finsternis leuchtet und der Erlöser sie zu sich zieht. Paulus wußte dies, und von daher rührte sein Vertrauen und seine Erwartung, wenn er das Evangelium verkündigte.

Dieses Vertrauen des Paulus sollte auch das unsere sein. Wir dürfen unser Vertrauen nicht in unsere Methoden evangelistischer Versammlungen setzen, mögen sie uns auch noch so ausgezeichnet erscheinen. In unseren Mitteln und Wegen ist keine Zauberkraft verborgen, nicht einmal in den theologisch unanfechtbaren Methoden. Bei der Verkündigung muß unser ganzes Vertrauen auf Gott gerichtet sein, der die Toten auferweckt. Er ist der allmächtige Herr, der die Herzen der Menschen wendet und Bekehrungen zu seiner Zeit schenkt. So ist es weiterhin unsere Aufgabe, treu das Evangelium bekanntzumachen in der festen Gewißheit, daß diese Arbeit niemals umsonst sein wird. So steht die Wahrheit von der Souveränität der Gnade Gottes in Beziehung zur Verkündigung. Wie sollten sich nun dieses Vertrauen und diese Gewißheit auf unsere Haltung bei der Verkündigung auswirken? Sie sollten zumindest an den folgenden drei Punkten sichtbar werden:

a) Sie sollten uns kühn machen. Sie sollten uns davor bewahren, mutlos zu werden, wenn wir — wie so häufig — feststellen, daß die erste Reaktion der Menschen auf das Evangelium die ist, daß sie es aus Gleichgültigkeit oder gar Verachtung abschütteln. Eine solche Reaktion sollte uns nicht erstaunen; von den Leibeigenen der Sünde und des Satans kann nichts anderes erwartet werden. Es sollte uns auch nicht mutlos machen, denn für die Gnade Gottes

---

[32] »The Acts of the Apostles«, S. 327, vgl. Apg. 13, 48.

ist kein Herz zu hart. Paulus war ein erbitterter Gegner des Evangeliums, doch Christus legte seine Hand auf ihn, und Paulus brach zusammen und wurde wiedergeboren. Wir selbst haben ja, seitdem wir Christen geworden sind, ständig erfahren, wie verderbt, falsch und verkehrt unser eigenes Herz ist. Doch Christus hat uns errettet, und das sollte genügen uns zu überzeugen, daß er jeden Menschen erretten kann. So laßt uns den unbekehrten Menschen weiter Christus verkündigen, wo immer uns die Gelegenheit geschenkt wird. Wir tun darin keine vergebliche Arbeit. Wir vergeuden dabei weder unsere Zeit noch die der anderen. Wir haben keinen Grund, uns unserer Botschaft zu schämen oder verzagt aufzutreten oder uns gleichsam dafür zu entschuldigen. Wir haben dagegen allen Grund, mutig, frei, natürlich und voller Hoffnung auf Erfolg zu sein. Denn Gott kann seiner Wahrheit eine Durchschlagskraft verleihen, die wir ihr nicht geben können. Gott kann seine Wahrheit triumphieren lassen, daß sich auch der scheinbar verhärtetste Zweifler bekehrt. Wir werden niemals einen Menschen als hoffnungslosen und von Gott nicht mehr zu erreichenden Fall abschreiben, wenn wir an die Souveränität seiner Gnade glauben.

b) *Dieses Vertrauen sollte uns geduldig machen.* Es sollte uns davor bewahren, mutlos zu werden, wenn wir feststellen, daß unsere evangelistischen Bemühungen keine sofortige Antwort hervorrufen. Gott errettet zu seiner Zeit, und wir sollten nicht glauben, daß er es so eilig hat wie wir. Wir sollten uns immer klar darüber sein, daß wir alle Kinder unserer Zeit sind, die vom Geist betriebsamer Hast geprägt ist. Dieser Zeitgeist ist pragmatisch, er fordert schnelle Erfolge. Das moderne Wunschbild ist es, immer mehr zu erreichen durch immer weniger Arbeit. Es ist das Zeitalter der arbeitsparenden Maschine, der Leistungskurve und der Automation. Dies alles ruft eine Haltung der Ungeduld hervor gegenüber allem, was Zeit beansprucht und anhaltende Mühe erfordert. Wir leben im Zeitalter der Hast, in dem wir keine Zeit opfern wollen, um die Dinge gründlich zu tun. Dieser Zeitgeist droht auch unsere Verkündigung zu infizieren – ganz zu schweigen von anderen Gebieten unseres Christenlebens –, und zwar mit verheerenden Folgen. Wir sind versucht, es sehr eilig zu haben mit den Menschen, die wir für Christus gewinnen möchten. Wenn wir dann keine sofortige Reaktion bei ihnen sehen, werden wir ungeduldig und niedergeschlagen, verlieren das Interesse an ihnen und halten es für zwecklos, noch weitere Zeit auf sie zu verwenden. So stellen wir unsere Bemühungen sofort ein und lassen sie aus unserem Blickfeld verschwinden. Aber das gerade ist grundfalsch. Es ist sowohl ein Mangel an Nächstenliebe als auch ein Mangel an Gottesglauben.

Es steht fest, daß die Arbeit der Evangelisation mehr Geduld und (ungetrübte) Beharrlichkeit, mehr Reserven an beständiger Liebe und Fürsorge erfordert, als die meisten Christen des 20. Jahrhunderts zur Verfügung haben. Sie ist eine Arbeit, für die rasche Ergebnisse nicht verheißen sind, und sie ist daher eine Arbeit, bei der das Ausbleiben schneller Erfolge kein Zeichen des Versagens ist. Sie ist aber auch eine Arbeit, bei der wir keine Hoffnung auf Erfolg haben können, wenn wir nicht bereit sind, mit Menschen in ständiger Verbindung zu bleiben. Die Vorstellung, daß eine einzige evangelistische Predigt oder ein einziges ernsthaftes Gespräch für die Bekehrung eines Menschen, wenn er sich je bekehren will, genügen müßten, ist wahrhaft töricht. Sollten wir es erleben, daß jemand aufgrund einer einzigen solchen Predigt oder eines solchen Gesprächs zum Glauben kommt, dann stellt sich normalerweise heraus, daß sein Herz bereits gut vorbereitet war durch mancherlei christliche Unterweisung und durch das Wirken des Geistes an ihm, bevor wir mit ihm zusammentrafen. Das Gesetz, das in solchen Fällen wirkt, lautet: »Ein anderer ist's, der sät, und ein anderer, der erntet[33].« Wenn wir andererseits jemanden antreffen, der nicht so vorbereitet ist, der von der Wahrheit des Evangeliums noch nicht überzeugt ist und vielleicht keine oder eine falsche Vorstellung davon hat, was das Evangelium überhaupt wirklich ist, dann ist es sogar noch schlimmer als zwecklos, ihn zu einer kurzschlüssigen Entscheidung zu drängen. Es mag gelingen, ihn in eine psychologische Krise zu bringen, aber das ist kein rettender Glaube und wird ihm eher schaden. Was wir tun müssen, ist, daß wir uns Zeit für ihn nehmen, uns mit ihm anfreunden, ihm zur Seite stehen, herausfinden, wo er steht im Verständnis geistlicher Dinge, und an diesem Punkt das Gespräch mit ihm beginnen. Wir müssen ihm das Evangelium erklären und sicher sein, daß er es versteht und von der Wahrheit überzeugt ist, bevor wir anfangen, ihn zu einer bewußten Antwort zu bewegen. Wenn nötig, müssen wir bereit sein, ihm durch eine Zeit der Suche nach Buße und Glauben hindurchzuhelfen, bevor er die innere Gewißheit erlangt hat, daß er Christus und Christus ihn aufgenommen hat. Auf jeder Stufe müssen wir bereit sein, im Zeitmaß Gottes ne-

---

[33] Joh. 4, 37.

ben ihm zu gehen, was uns vielleicht merkwürdig langsam erscheint. Aber das ist Gottes Angelegenheit, nicht unsere. Unsere Aufgabe ist es nur, mit dem Schritt zu halten, was Gott im Leben dieses Menschen tut. Unsere Bereitschaft, auf diese Weise Geduld mit ihm zu haben, ist ebensosehr ein Beweis für unsere Liebe zu ihm als für unseren Glauben an Gott. Wenn wir zu dieser Geduld nicht bereit sind, brauchen wir nicht zu erwarten, daß Gott uns ehren wird, indem er uns befähigt, Menschen zu gewinnen.

Woher aber nehmen wir die Geduld, die für die Verkündigungsarbeit so unerläßlich ist? Aus dem beharrlichen Festhalten an der Tatsache, daß Gott in der Gnade souverän ist und daß sein Wort nicht leer zu ihm zurückkehrt, daß er es ist, der uns alle diese Gelegenheiten schenkt, unser Wissen um Christus anderen Menschen mitzuteilen, und daß er zu seiner rechten Zeit sie zu erleuchten und zum Glauben zu bringen vermag. Wie in anderen Dingen, so prüft Gott auch darin oft unsere Geduld. Wie er Abraham 25 Jahre lang auf die Geburt seines Sohnes warten ließ, so läßt er auch Christen oft auf Dinge warten, die sie herbeisehnen, wie zum Beispiel die Bekehrung ihrer Freunde. Wir brauchen also Geduld, wenn wir unseren Teil dazu beitragen wollen, anderen zum Glauben zu verhelfen. Um diese Geduld zu erlangen, müssen wir es lernen, nach unserer Erkenntnis von der freien und gnädigen Souveränität Gottes zu leben.

c) Schließlich sollte dieses Vertrauen uns zu treuen Betern machen.

Das Gebet, wie wir zu Anfang sagten, ist ein Bekennen der eigenen Schwachheit und Bedürftigkeit, ein Anerkennen der Hilflosigkeit und Abhängigkeit und ein Anrufen der machtvollen Kraft Gottes, damit sie das für uns schaffe, was wir selbst nicht tun können. Auch in der Verkündigung, wie wir sahen, sind wir schwach; wir sind vollständig davon abhängig, daß Gott unser Zeugnis wirksam macht; nur weil er Menschen ein neues Herz geben kann, dürfen wir hoffen, daß durch unsere Predigt der frohen Botschaft Sünder wiedergeboren werden. Diese Tatsachen sollten uns ins Gebet treiben. Das ist sogar Gottes Absicht. Wie in anderen Dingen, so will uns Gott auch hier dazu bringen, unsere Schwachheit zu erkennen und zu bekennen. Ihm zu sagen, daß wir uns völlig auf ihn verlassen, und ihn darum anzugehen, seinen Namen zu verherrlichen. Er hält gewöhnlich seine Segnungen solange zurück, bis seine Leute anfangen, darum zu bitten. »Ihr erhaltet nichts, weil ihr nicht bittet³⁴.« — »Bittet, so wird euch gegeben werden; suchet, so werdet ihr finden; klopfet an, so wird euch aufgetan werden! Denn jeder, der bittet, empfängt, und wer sucht, der findet; und wer anklopft, dem wird aufgetan werden³⁵!« Wenn wir aber zu stolz oder zu träge zum Bitten sind, brauchen wir auch nicht zu erwarten, daß wir etwas erhalten. Dieses Gesetz gilt allumfassend, sowohl bei der Verkündigung als auch anderswo. Gott will uns beten lehren, bevor er unser Tun segnet, damit wir immer wieder von neuem einsehen, daß wir in allem von Gott abhängig sind. Wenn Gott uns dann Bekehrungen erleben läßt, sollen wir uns nicht verleiten lassen, sie unseren eigenen Gaben, unserer Geschicklichkeit, unserer Weisheit und Überzeugungskunst zuzuschreiben, sondern sie allein als sein Werk ansehen. Wir wissen dann auch, wem wir dafür zu danken haben.

Das Wissen darum, daß Gott in der Gnade souverän ist und daß wir unfähig sind, Menschen zu gewinnen, sollte uns also zum Gebet, zum anhaltenden Gebet, veranlassen. Wie sollte unser Gebet aussehen? Wir sollten für diejenigen, die wir zu gewinnen suchen, **darum beten**, daß der Heilige Geist ihre Herzen öffne; wir sollten auch für uns, für unser Zeugnis und für alle, die das Evangelium verkündigen, darum beten, daß die Kraft und Vollmacht des Heiligen Geistes auf ihnen bleibe. »Betet für uns«, schreibt Paulus an die Thessalonicher, »daß das Wort des Herrn laufen und verherrlicht werden möge³⁶.«

Paulus war ein großer Evangelist, der viel Frucht gesehen hat, doch er wußte, daß jede Einzelheit dabei von Gott gekommen war und daß er keinen einzigen Menschen mehr bekehren würde, wenn Gott nicht in ihm und in seinen Hörern weiter arbeitete. So bittet er darum zu beten, daß seine Verkündigung weiterhin fruchtbar sei. Betet darum, so mahnt er, daß das Wort des Evangeliums verherrlicht werde durch meine Predigt und durch Gottes Wirken im Leben der Menschen. Betet darum, daß mein Leben immerfort zur Bekehrung von Sündern eingesetzt werde. Dies ist für Paulus eine dringliche Bitte, eben weil er ganz deutlich erkennt, daß seine Verkündigung niemanden errettet, wenn es nicht Gott in seiner souveränen Barmherzigkeit gefällt, sie zu segnen und zu diesem Ziel zu führen. Wir sehen, daß Paulus nicht der Ansicht ist, das Ge-

---

[34] Jak. 4, 2.
[35] Matth. 7, 7 f.
[36] 2. Thess. 3, 1.

bet sei unnötig, weil ja Gott in der Errettung von Sündern souverän ist, so wie er auch nicht meint, die evangelistische Verkündigung sei überflüssig, weil Gott in der Errettung von Sündern souverän ist. Im Gegenteil, er glaubt, daß das Gebet um die Fruchtbarkeit der evangelistischen Verkündigung um so notwendiger ist, als die Errettung der Sünder ganz von Gott abhängt. Diejenigen heute, die mit Paulus fest glauben, daß es allein das souveräne Handeln Gottes ist, das Sünder zu Christus führt, sollten also ihren Glauben dadurch bezeugen, daß sie sich im Beten ausdauernd, treu, ernsthaft und beharrlich erweisen, damit Gottes Segen weiterhin auf der Verkündigung seines Wortes ruhe und Sünder dadurch wiedergeboren werden. Dies ist die letzte Auswirkung des Glaubens an die Souveränität der göttlichen Gnade in der Verkündigung.

Wir stellten in diesem Kapitel bereits fest, daß diese Lehre die Grenzen unseres evangelistischen Auftrags in keiner Weise schmälert oder einengt. Jetzt sehen wir, daß sie im Gegenteil diese Grenzen weitet. Sie konfrontiert uns nämlich mit der Tatsache, daß der Missionsauftrag zwei Seiten hat. Es ist nicht nur ein Auftrag zu predigen, sondern auch zu beten; nicht nur zu Menschen über Gott zu reden, sondern auch zu Gott über die Menschen zu reden. Predigt und Gebet müssen Hand in Hand gehen; geschieht das nicht, dann wird unsere Verkündigung weder biblischer Erkenntnis entsprechen noch wird sie gesegnet werden. Wir müssen predigen, weil ohne Kenntnis des Evangeliums niemand gerettet werden kann. Wir müssen beten, weil nur der souveräne Heilige Geist in uns und in den Herzen der Menschen unsere Predigt wirksam machen kann für die Errettung von Menschen. Gott will seinen Geist nicht dorthin senden, wo kein Gebet ist. Überall überprüfen Christen zur Zeit ihre Methoden der evangelistischen Verkündigung, und das ist gut so. Es wird jedoch daraus keine Frucht der Verkündigung entstehen, wenn Gott nicht auch unser Beten umgestaltet und einen neuen Geist des demütigen Gebets für die Verkündigungsarbeit über uns ausgießt. Wir sollten uns für unsere künftige Verkündigung neu zeigen lassen, wie wir unseren Herrn und sein Evangelium öffentlich und privat, in Predigt und persönlichem Gespräch mit Wagemut, Geduld, Kraft, Vollmacht und Liebe bezeugen können; ebenso sollten wir wieder lernen, in Demut und Beharrlichkeit um den Segen Gottes für unser Zeugnis zu flehen. So einfach und doch so schwierig zugleich ist das. Wenn alles Notwendige hinsichtlich einer Neugestaltung der evangelistischen Methoden gesagt worden ist, bleibt nach wie vor bestehen, daß es keinen anderen Weg für die Zukunft gibt als diesen. Finden wir ihn nicht, werden wir auch nicht vorankommen.

So schließt sich nun der Kreis unserer Überlegungen. Wir begannen mit einem Hinweis auf unser Gebetsleben als einem Beweis für unseren Glauben an die göttliche Souveränität. Wir schließen damit, daß unser Glauben an die göttliche Souveränität der Grund unseres Betens werde. Was haben wir nun zu der Behauptung zu sagen, daß ein aufrichtiger Glaube an die absolute Souveränität Gottes mit der Verkündigung unvereinbar ist? Wir müßten darauf antworten, daß jeder durch eine solche Behauptung nur zeigt, daß er einfach nicht verstanden hat, was die Lehre von der göttlichen Souveränität besagt. Sie bestärkt nicht nur die Evangelisation und hält den Verkündiger durch die Hoffnung auf Erfolg aufrecht, die sonst nicht bestehen könnte, sondern sie lehrt uns auch, Verkündigung und Gebet zusammenzuschließen. Darüber hinaus macht sie uns mutig und zuversichtlich vor den Menschen, demütig und beharrlich vor Gott. Sollte es so nicht auch sein? Wir wollen zwar nicht behaupten, daß einer ohne klare Erkenntnis dieser Lehre überhaupt nicht das Wort verkündigen könne. Wir wagen aber anzunehmen, daß er, bei sonst gleichen Voraussetzungen, dem Auftrag der Verkündigung besser nachkommen kann.

ENDE